「日韓」の
モヤモヤと
大学生のわたし

加藤圭木［監修］
一橋大学社会学部
加藤圭木ゼミナール［編］

大月書店

はじめに
············

　今，このページを開いているあなたへ。わたしたちと出会ってくれて，ありがとうございます。いったいどんな人が，どんな思いで，この本を手にとってくれるのかな。窓の外を眺めながら，そんなことを考えています。

　少しだけ自己紹介をしましょう。わたしたちは，たまたま出会った若者たち，でした。同じゼミで，週1回だけ顔を合わせる大学生。育った場所も，部活も趣味も性格もバラバラ。そんなわたしたちが，なぜ本をつくることになったのか。不思議な気持ちで思い返しています。

　最初から「本をつくろう！」なんて雰囲気があったわけではありません。ひょんなことから韓国に興味を持って，でも歴史なんてよくわからない。ネットで流れてくる情報に，家族や友達の言葉に，なんとなく「モヤモヤ」する。けど，そのかすかな思いの正体さえ，うまく言葉にできない。いっそ考えないほうが正しいのかな。以前のわたしたちの姿です。

　あなたの思いを聞いてみたいです。K-POPファンのあなた，韓国人のクラスメイトや同僚がいるあなた。日韓関係のニュースを，電車のなかでチラッと目にしたあなた。一瞬でもわたしたちと同じような，「モヤっ」とした心のひっかかりを感じたこと，ないでしょうか。

　本書は，そういった気持ちをまず，言葉にすることからはじめます。それはゼミの時間，わたしたちがそれぞれ抱えていた「モヤモヤ」を語り合うことから踏んでいったステップです。何度も立ち止まり，回り道をしました。「モヤモヤ」の正体はなにか，そしてなぜ「モヤモヤ」してしまうのか——ゼミは，いつしかそのようなことを語り合う空間になっていました。それまでは，ひとりではわからないことだらけだ

ったし，他人にも聞きづらかった。だからこの空間をもっとたくさんの人と共有し，「モヤモヤ」を語り合いたい。そんな思いが生まれました。

　本書は4つの章を通して，日韓関係についてわたしたちと同じような「モヤモヤ」を抱えているあなたと，語り合いをはじめることができるようにつくってあります。

　まず第1章では，「日韓関係の情報はなにが本当かわからない」というような，日常生活で感じる身近な「モヤモヤ」を，みなさんと共有し，歴史を知るための入口としたいと思います。

　次に第2章では，主に韓国の芸能人の言動を通して，日韓関係のなにが問題になっているのか，基本的な事項も含め整理します。

　さらに，第3章では，日韓関係を通して，わたしたちの社会を見つめ直します。

　第4章ではそれまでの章もふまえ，K-POP好きを大人から批判されるなど，わたしたちが韓国と関わる際に直面する問題について，向き合い方を考えていきます。

　また各章の最後には，わたしたちが日韓関係について語り合った座談会の記録を掲載しました。わたしたちの目線で生の声をお届けすることができればと思います。

　本書が，わたしたちとあなたが日韓関係を一緒に考え，向き合っていくきっかけとなることを願っています。

2021年2月

執筆者を代表して　牛木未来

この本をつくった人たち

朝倉希実加（あさくら・きみか）　社会学部3年生。1999年生まれで主に東京育ち。韓国コスメが好きでふだんから使ったりインスタで見たりしています。最近では韓国雑貨のかわいさにハマり集めたいと思っています。

李相眞（イ・サンジン）　社会学部4年生。韓国出身の留学生です。7歳のときに1年間日本に住んだことがありますが，それ以外の時間はずっと韓国で過ごしていました。そんなわたしは道を歩きながらK-POPを聴き，暇があるときは韓国料理を食べながらNetflixで韓国ドラマや映画を観たりしています。

牛木未来（うしき・みく）　法学部4年生。東京生まれ東京育ちですが都心には詳しくありません。ソウル，釜山，全州，済州に行きたい。チメク（チキンとビールの組み合わせ）最高です。ふだんはUrban Zakapaなどしっとり系を聞いてなごむタイプです。

沖田まい（おきた・まい）　社会学部3年生。1999年生まれ。東京生まれ東京育ち。好きな韓国料理はキムチチゲ。新大久保のお店で飲んだ生マッコリの味が忘れられません（お店の名前は忘れました笑）。

熊野功英（くまの・こうえい）　社会学部3年生。1999年生まれで東京出身。K-POPだとDAY6, IU, BTSが好きです。Netflixで流行りの韓国ドラマを観るのも好きです。好きな韓国映画は「클래식」（クラシック，邦題：ラブストーリー），「はちどり」。

似顔絵：羽場育歩（はば・いくほ）　社会学部4年生

〔注〕
＊学年は，本書執筆時（2020年度）のものです。
＊本書では，「朝鮮」「朝鮮半島」という用語を用いますが，これは，大韓民国・朝鮮民主主義人民共和国の総称です。どちらか一方の国家のみを指すものではありません。
＊本書は性暴力に関する内容を扱っています。

CONTENTS も く じ

第1章
わたしをとりまくモヤモヤ

本章では，K-POP や韓流ドラマなど，韓国に興味を持った人が，直面しがちなモヤモヤをとりあげています。わたしたちや，わたしたちの友人や知人のエピソードを集めてみましたので，読者のみなさんもご自身の経験を振り返ってみてください。

日本って全然寛容で
優しい親切な国じゃない？！

沖田まい

　あなたは、どんなことにモヤモヤして、この本を手にとってくださったのでしょうか。

　最悪の日韓関係？　「慰安婦」問題？　ヘイトスピーチ？　日々のニュースで目にする言葉や、歴史の授業で学んだこと、書店の本棚に並ぶ本に、なにか小さくてもチクっとするような違和感を覚えている人もいるのではないでしょうか。もしかしたら、なにから考えていいのか、えたいの知れない複雑さに圧倒されかけているのかもしれません。わたしも、そんなナイーブで世間知らずなひとりでした。

　最初のモヤモヤは小学生の頃。外国にルーツを持つ子どもが少しだけ多い小学校で、わたしがよく話したのはアフリカ出身の女の子。かのじょはわたしと話をするときはとても明るくて楽しいのに、「外国人である」とか「肌の色が違う」ということで、クラスでからかわれることもありました。決してコミュニケーションが得意でも社交的でもなかったわたしは、自分がクラスのなかでどう平和に暮らすかで精一杯で、なにもできませんでした。なにもできない自分が嫌でした。
　恋と呼ぶには曖昧な初恋も小学生のときでした。好きな人がいる、ということ自体に浮ついて、わくわくそわそわ、そのうえなんでも母に報告したいお年頃。好きな人がいるという気持ちは伝えられても、相手が韓国人であることは、なぜか母には言えませんでした。

なんだか息がしづらくて，そこを離れるために小学6年生で受験をしました。進学したのは都立の中高一貫校でした。同じような環境の（裕福な）子ばかりで，外国にルーツを持つ子はいなかったように思います（今思い返してみるとそれもなんだかモヤモヤするのです）。

　そこでもうまくやれなくて，わたしは図書館に入り浸りました。出会ったのは，大学教員の筆者が高校生向けに大学や将来についての考え方を紹介する本でした。そこには，気になることが書いてありました。

　「大学に入ってもいじめがあるんでしょ？」

　筆者の答えは，「いいえ」。

　「大学に入れば自由になる。いじめとかどうでもいいことに時間を使う必要はなくなる。お互いがお互いに尊重する。気が合わない相手とは離れればよいだけだから」。

　子どものわたしは希望を持ちました。みんな，それぞれ気の合う人とだけ一緒にいて，そうすればみんなと同じが正しいなんて価値観や，息の詰まる閉塞感もなくなるのかも。それはすごく，いいことなのかも……。

　高校に進学したわたしは，大学の職員として働く父から驚く話を聞きました。

　「帰国生の女の子が一橋大学に進学したことを後悔しているらしい。英語の授業で発言すると驚かれたり，好きな服を着ているだけなのに露出（ろしゅつ）が多いって指摘されたりしたんだってさ」。

　憧（あこが）れている大学が，まさか。大学生は大人だから，しょうもないことに時間使わないんじゃないの？　大学生になっても高校と変わらないの？　少し違うことをしたら，たたかれるの？

　ナイーブな自分がはじめて明確な批判意識を持てたとき，それは「大人」や「社会」への失望と一緒にありました。

　いじめはどこに行ってもなくならない？　ううん，きっと「みんな

同じ」が「当たり前」な同質性が高い空間にいたら，相手に耳を傾けることができなくなってしまうんだ。

それは，もしかしたらわたしも例外じゃなくて……。

そこからいろんなこと——書店に並ぶ嫌韓本やら，同性婚に対する批判やら，日本の文化を称賛するテレビ番組とそれを楽しむ家族の様子までも——が気になりはじめました。

「日本って全然"寛容で優しい親切な国"じゃないし，"文化を取り込んで進歩してきた，世界に誇る国"なんかじゃない。でも，自分が大人になっていく過程でそれに加担するのだけは嫌だ。そうじゃない生き方を選びたいし，世の中を少しでもよくしたい」。

大学では社会学部に進学しました。それでも違和感はぬぐえなくて，なにか足りないんじゃないか，なにか抜けているんじゃないかという気持ちがどこかにいつもありました。

「社会に普遍的な理論」なんてあるのかな？
身近な世界や自分自身をわたしはちゃんと知ることができているのだろうか？

その違和感が確信に変わったのは大学2年生のときでした。受講したのは，「朝鮮の歴史と文化」という講義。日本が朝鮮を植民地支配した時代（1910〜1945年）のことをとりあげていました。衝撃を受けたのは，この講義のなかで紹介された岡本達明ほか『聞書水俣民衆史5 植民地は天国だった』（草風館，1990年）という証言集です。このなかに描かれていたのは，植民者として朝鮮に渡った日本人たちの，朝鮮人に対する剝き出しの偏見や，差別や，暴力や，目を背けたくなるようなことばかりでした。そしてそれは，今でもある。そう感じてならなかったのです。

高校で世界史をあんなに勉強していたはずなのに，全然本質を見て

いなかった自分。歴史を他人事にしかとらえられていなかった自分。あれだけ差別や偏見が嫌で、それを変えたいって言いながら、どうしてこんな昔から日本にある偏見や差別をこうも知らずにいられたんだろう。自分ももしかして、心の奥底に偏見を持っていたのではないか。自分ももしかして、植民地支配という過去から目を背けていたのではないか。

　モヤモヤ、ゴツゴツ、自分への失望、そして、アイデンティティの揺らぎ。過去におこなわれたことは、まぎれもなく、支配であり暴力であり残酷なことだったのに、どうしてわたしはそれを無意識に「正当化」していたのだろう。まっすぐに見ることができなかったんだろう。知れば知るほど足元がぐらつき、それでも、だからこそ、もっと学びたいと思うのです。

　あなたがモヤモヤしていることはどんなことですか？
　なにかに失望したことはありますか？
　このままにしておきたくないと強く思うことはありますか？

　それは、世間知らずでナイーブだったわたしにとっての「日韓関係」であり「歴史問題」であり、「社会」であり、自分自身が未来のために今どう行動するか考えるということです。そして、これはわたしだけの問題ではありません。

　あなたも心のモヤモヤの一端をつかんだら、ゴツゴツした感情をその手のひらにとり出して、まずはまっすぐ見てみることから一緒にはじめてみませんか。

13

推しが「反日」かもしれない……

熊野功英

　この本を手にとってくださったみなさんのなかには，K-POPや韓国ドラマが大好きな人もいるのではないでしょうか？　ぼく自身も，そうした韓国文化好きな人のひとりですが，韓国文化好きでいると，このような問題に行きあたることもあると思います。

　推しが「反日」かもしれない……。

　ペン活（ファン活動）をしていると，好きなアイドルや俳優がどんなことを話していたか，どんな服を着ていたか，どんな投稿をしていたか，どんなドラマに出ていたか，そうした情報が必然的に入ってきます。そのなかで，推しの「反日」的な言動を見聞きしてしまったとき，かれらが日本のことを実際どう思っているのか，なぜ日本のファンがいるのにそんな言動をするのか，と戸惑う人も少なくないはずです。

　特に日韓の歴史問題や政治に関することで，そのような言動に出くわすことは多いでしょう。ぼくのまわりでもこんな声が聞かれます。

　（韓国のアーティスト）BTSの推しが「原爆Tシャツ」を着ていた。なんで，わざわざそんなTシャツを着たんだろう。世界的アイドルで，日本でも活動しているのに。Tシャツの意味を理解していたのだろうか……。

推しが「慰安婦」グッズを使っていて，ネット記事には「反日だ！」と書かれていて若干ショック……。

韓国の芸能人が「選挙に行ったよ！」って自撮りを投稿してたけど，政治的だし，日本をどう思ってるか気になる……。

韓国ドラマは大好きだけど，「反日」的なシーンや，好きな俳優の「反日」的な言動と，どう向き合えばいいのかわからない。

こうしたモヤモヤに対し，「アイドルも一韓国人で，韓国の教育を受けているからしょうがない」と受けとめている人もいるでしょう。逆に，もうファンをやめてしまいたいと思っている人もいるかもしれません。どこか裏切られたような気持ち。好きな気持ちが強い分だけ，ショックも大きいと思います。

では，こうした問題をどう考えていけばいいのでしょうか。おそらく，この本を手にとってくださったみなさんは，「もっと歴史について知らなくちゃいけないのかも」と感じているのではないでしょうか。結論から言うと，たしかに歴史を学ぶことは欠かせません。しかし，その際に大切なポイントがあります。それは「人権」です。歴史の問題を政治や外交の問題ととらえるのではなく，人権の問題として考えるということです。このことについては第2章以降でじっくり考えていきます。

「人権」と聞くと，もうこの時点で自分とは縁遠い話だと感じるかもしれません。ですが，この本を読み進めていくなかでモヤっとしたとき，どうかこの「人権」という視点を思い出してみてください。きっと，みなさんが歴史問題と向き合ううえで大きな助けになるはずです。

「韓国が好き」と言っただけなのに

熊野功英

　日本では，なにかしら韓国に関わっていると，日本人からなにかと否定的なことを言われることがあったりします。ここでも，ぼくのまわりの声を紹介します。

　韓国人の恋人を日本に連れて来たとき，わたしの祖父と，そのとき祖父の家にいたお客さん2人が日本語のわからない恋人の前で，「韓国は反日だ」などと韓国の悪口を言いはじめました。そのときはさすがにわたしが怒ってケンカになりました。

　「韓国に旅行に行くんだ」って言ったときに「韓国に行ってだいじょうぶなの？」って聞かれたり，「日本人だから攻撃される」みたいなことを言われたりしました。

　バイト先で「K-POPが好きなんだ」と話したら，「なんで韓国のものなんかが好きなの？」と言われました。

　友達との集まりに韓国のお菓子を買っていったら，「韓国のものは食べるなと家で言われているので」と断られてしまいました。

　みなさんのなかにも，このような韓国に対する否定的な言葉に遭遇したことがある人はいるのではないでしょうか？　実はぼくにもそうした体験がありました。アルバイト先で朝鮮語を習っていることをお

figure 1　日本人観光客が多く訪れる明洞

撮影：加藤圭木

客さんに話したら，お客さんから韓国に行った際に韓国人のサービス
が気に入らなかったという話をされたり，昔の韓国人の同僚に対する
不満を口にしながら「韓国人ってやっぱり日本に反感をもってるんで
すかね」と言われたりしました。韓国に対するこうした突然の否定的
な言葉に，ぼくはそれとなく「韓国人みんながみんなそういうわけで
はないですよ」としか言えませんでした。

　ぼくの場合はあまりふだん関わりのない人でしたが，特に，自分の
親や親戚，友達など，身近な人がこのような発言をしていたときは，
かなりショックに感じると思います。自分は韓国文化が好きなだけな
のに，否定的なことを言ってくる親。親の前では韓国の話がいっさい
できないという人もいるかもしれません。

　日本で蔓延する韓国に対する否定的な意見や日本人どうしの韓国認
識の差。わたしたちはこの問題をどのように考えたらいいのでしょう
か？　これについても，第4章で述べたいと思います。

なにが本当かわからなくて

朝倉希実加

　テレビなどで、「史上最悪の日韓関係」といった報道を耳にしたことがある人は多いでしょう。徴用工裁判，GSOMIA（日本と韓国の軍事情報包括保護協定）破棄など多くの話題が報じられてきました。

　わたしは、「日韓関係の悪化」と言うけれど，実際なにが問題で，なぜ関係が悪化しているのだろうとテレビを見ながら考えました。でもなにが本当なのかよくわからないというのが正直なところでした。

　わたしがこのように感じることになった背景には，次のふたつのことがあると思います。ひとつは，教育の問題です。わたしは高校では日本史を選択していましたが，戦後の現代史は簡単に触れるだけでした。日韓関係がこれまでどのような経緯をたどってきたのかについては，授業や教科書だけではよくわかりませんでした。

　そしてもうひとつは，マスメディアによる報道の問題です。テレビで「日韓関係の悪化」や「外務省が韓国側に抗議」といった話はよく目にすると思います。しかし，なぜその問題が起こっているのか，問題点はなんなのかはほとんど伝えられていないように感じます。たとえば，数年ほど前から話題となっている徴用工裁判判決（43頁参照）のどこを日本側が問題視しているのか，韓国側の主張とどう違うのかということは報道を見ているだけでは理解することが難しいと思います。

　そんななかで，わたしが頼ったのがインターネットです。ですがインターネットには情報があまりにも多く，相反する主張などもあり，知識のなかったわたしにはどれが正しい情報で，どれが誤った情報な

のかを判断することができませんでした。

　モヤモヤを抱えていたわたしは，朝鮮史の授業をとれば日韓関係についてわかるようになるのではないかと，正しい情報を求めて，この本をつくったゼミに入ることとなりました。ゼミで学ぶなかでわたしが一番感じたことは，知らない事実があまりにも多いということでした。

　ひとつエピソードを紹介しましょう。それは作家の百田尚樹氏に対するイメージがガラッと変わったということです。中学生の頃，日本の過去の戦争をテーマとした百田氏の小説『永遠の0』（太田出版，2006年）が非常に話題となりました。わたしは歴史にすごく関心があったわけではなく，ただ話題になっているという理由で読みました。戦争中は特攻のようなひどいことがあったんだな，という感想を抱いた記憶があります。『永遠の0』には，「戦争について真剣に考えようとしている本だ」と評価する声が多くあったようで，映画化もされました。友人にもこの小説や映画を観た人がいて，若者が想像する戦争のイメージにも影響を与えたように感じられます。

　しかし，ゼミで学ぶなかで，百田氏が，『日本国紀』（幻冬舎，2018年）や『今こそ，韓国に謝ろう──そして，「さらば」と言おう』（飛鳥新社，2017年）などの本を出版して，日本の歴史を高く評価して，韓国を攻撃するような発言をしていることもわかりました。百田氏は小説家であって歴史家ではありません。そのような人物が描く歴史は本当に正しいのだろうか，有名な人が書いているからといってそのまま信じてしまってはいないかと思うようになりました（127～129頁参照）。

　わたしは正しいことを知りたいという思いからゼミという選択をしましたが，ほかにも情報を得る手段はあると思います。この本をそのひとつの手段として，「知る」ことをはじめてみてはどうでしょうか。

韓国人留学生の戸惑い

李相眞

日本人のなかには，韓国人が歴史問題にこだわり「反日」感情を抱いていると考える人が多いのではないでしょうか。しかし，日本で生活している韓国人にとっては，むしろ日本人から「反韓」感情を直接的に向けられることが少なくないのです。こんなとき，わたしたちはどのように対応したらいいのか戸惑ってしまいます。日本人から向けられる「反韓」感情というのも歴史問題と密接に関係しているようです。以下では日本で勉強している韓国人留学生の経験を紹介します。かれらが経験したモヤモヤについて一緒に考えてみましょう。

A：先日，よく行く店で店長と話していたんだけど，隣にいた日本人の男性が「韓国人ですか？」と聞いてきたの。それで「そうです」と言ったら，「知りたいことがある」と言ってきたんだ。

わたし：知りたい？　なにを？

A：「韓国はなぜそんなに政治レベルが低いのか」と。日本は第2次世界大戦のときにアメリカに原爆を落とされたにもかかわらず，今はアメリカと仲よくしているのに，韓国は日本が植民地支配したことを，なぜ今でも問題視するのかと聞いてきたんだ。

わたし：なに？　植民地支配と戦争を同一線上で比較することはありえないことじゃない？　植民地支配下の朝鮮が，どういう状況だったか説明したらいいんじゃない？

A：そう。わたしも反論しようかと思った。でも，単に韓国人だという理由で急にそう言われて慌てたよ。それに，店でそういう話をすると店長にも迷惑だし。それで，「よくわかりません」と答えたよ。いや，でもなにか言ったほうがよかったのかな。

B：わたしは大学のOBに「韓国人はなぜ人のものに手を出すのか」

と言われたよ。

わたし：え？　どういうこと？

Ｂ：独島のことだよ。そのOBは「なぜ韓国側は日本の領土である竹島について無理を言ってるのか」と言ったんだ。そのとき，歴史問題について話していたわけでもなかったのに……。

Ｃ：歴史問題じゃないけど，これも「反韓」なのかな。ホテルのスタッフをしていたときのことだけど，「なぜ韓国人がここにいるんだ。日本人スタッフはいないのか」と言われたことがある。

わたし：その人がなぜそう言ったかはわかる？

Ｃ：わからない。その人に応対する前に韓国人スタッフと韓国語で話していただけなのに……それが目障りだったのかな。でも，それだけでそんなふうに言うのはひどくない？　ショックだったよ。

わたし：そうだね。韓国人ということでそんなふうに言われるだなんて。わたしたちはどうすればいいのかな……。

　もちろん，すべての日本人が韓国人にこのように話しているとは思っていませんし，むしろ最近は韓国文化が好きで韓国に好感を抱いている人が多くなっています。そんな人たちのなかには，日韓関係の悪化を見て「韓国と仲直りしたらいいな」と考える人もいるでしょう。

　しかし，「反韓」感情を抱いている人も「親韓」感情を抱いている人も，韓国人と共通の歴史認識を持っているとは言えません。共通の歴史認識が形成されていない限り，韓国人と日本人が打ち解けて仲よくなることは不可能ではないかと思います。歴史問題をめぐる責任を問われて，「親韓」感情を抱いていた人が急に「反韓」感情をあらわにする場合も少なくありません。韓国人留学生はそういう狭間にいます。わたしはアルバイトで韓国語を教えていますが，韓国が好きで韓国語を学んでいる人たちにも日韓の歴史について話すときには慎重になります。日本で勉強している韓国人留学生は，ひとつひとつに注意しながら生活しています。すべての外国人がそうしているわけではないでしょう。なぜ，わたしたちは韓国人であるだけで気をつけなければならないのか，モヤモヤ中です。

日韓の問題って「重い」？

　日韓関係の問題と言うと，「重い」「話しにくい」と言われることがあります。日本社会の「空気」について，みんなで話してみました（2020年11月24日におこなわれた座談会の記録の一部を加筆・修正したものです）。

沖田：大学の授業で，朝鮮の歴史とか，日本の問題点を学ぶ機会が何度かあったんですけど，受講生の間で授業の内容について話をすることに抵抗感があるように思います。そんなに難しいことではないと思うんですが，「授業で出てきたこの事件のこと知ってた？」とか，「高校までの歴史の授業ではあんまり扱ってなかったよね」っていう話とかって，すごくしづらい。

　それから，日本の朝鮮植民地支配の歴史がとりあげられると，別に自分が直接責められているわけではないのに，「どうしても日本という国と自分を同一視してしまって，自分が責められているような感じがする」と言っている人はいました。

　日韓の問題について，友達どうしでもちゃんと話していかないと，目を背けることになってしまう。どうしたらいいのかな。

熊野：そういう抵抗感って自分も体験したこともあるし，まわりでもよくある反応かなと思うんですけど，ほかの方もなにかありま

figure 2　韓国・済州島合宿でモヤモヤを語っているゼミのメンバーたち

撮影：加藤圭木

すか？

朝倉：歴史問題について学んでいるって言うと，すごい「重い」って思われちゃうのはありますね。友達と話しているときに温度差を感じることがあるなって思って。これは日韓関係の特殊性もあるけど，日本では政治とかの問題をふだんから友達や家族とあんまり話さないっていう，問題もあるのかなと思います。自分も，家族とニュースとか見ていても，「これってこうだよね」みたいな政治的な話はしたことがないですしね。

熊野：朝倉さんは「政治の話をしにくい」ってことを言ってたと思うんですけど，それはなんでそう感じるんだと思いますか？

朝倉：考えなくても生活できてしまうからですかね。日常生活で考えてない人のほうが多いんじゃないかな。だからこそ政治の話をしようとしたときに，「なんでそんな話するんだろう」って抵抗があるのかなと思います。自分は正直，大学で授業をとったから日韓の問題を学んでますけど，それがなかったら学んでない

んだろうなと思います。

沖田：昨年1月頃に日韓交流のような，韓国の留学生を巻き込むイベントを開催したんです。そのイベントは，ただただ日本の文化を楽しんでもらおうという企画で，歴史の話題になることはありませんでした。日韓関係が悪くなっていると言われていた時期だったんですけれど，そこに来てくれた韓国人の留学生の子たちともっと深いコミュニケーションをしたかったな，と感じています。今思えば残念なのですが，当時は歴史について話すのは適切ではないみたいな雰囲気もあった気がします。もちろん自分のなかにも楽しい空気を壊したくないという気持ちもありましたし，留学生の引率の方も，「政治的な問題を1回おいておいて，とにかく交流をして世界中に友達をつくろう」というふうに言っていました。イベントとして楽しむことも大切だとは思うのですが，当時かれらがどんな想いで日本に来てくれたのか，話す勇気を持てなかったことは今も心に引っかかっています。

24

第2章

どうして日韓はもめているの？

第1章では、「推しが反日かもしれない」と戸惑った経験や、「日韓の問題ってなにが本当かわからないよね」という多くの方が感じているであろうことをとりあげてみました。本章では、そうした疑問をふまえながら、日韓がもめている背景について考えていきたいと思います。日本でよく報じられる「慰安婦」や徴用工などについても説明します。

韓国の芸能人はなんで
「慰安婦」グッズをつけているの？

熊野功英

聞いたことはあるけれど……

　日韓の間でたびたび浮上する日本軍「慰安婦」問題。ぼくは朝鮮半島と日本の歴史を学びはじめる前にも，ニュースでなんとなくこの問題について聞いたことはあったのですが，よくわからなかったのが正直なところです。

　ニュースと言えば，ぼくが高校1年生だった2015年の年末に学校のスキー合宿先の宿舎で，「慰安婦問題が最終的かつ不可逆的に解決した」と大々的に報道していたテレビニュースを見たのははっきり覚えています。そのニュースは後述する日韓「合意」に関するものだったのですが，「解決と言っているからよいニュースなのかな」と思っていました。

　また，K-POPが好きな人であれば，「慰安婦」問題と言うと，韓国のアイドルが「慰安婦」を支援する企業のグッズを身につけていたという話を聞いたことがあるかもしれません。ぼくの友達にもARMY（BTSのファン）がいて，BTSが身につけていた「慰安婦」支援のグッズを制作・販売している企業が「反日」らしいと話していたのを聞いたことがあります（この企業については，38〜39頁参照）。

　ほかにも，親から「慰安婦」は売春婦だと説明されて，なにが本当のことなのかよくわからない，という知り合いもいました。

　このように日本では，日本軍「慰安婦」問題はすでに解決した過去の話や「反日」の象徴として語られたり，よく耳にする割にはあまり

知られていない状況だと思います。では，日本軍「慰安婦」問題とはどのような問題なのでしょうか？　どのようにわたしたちはこの問題を考えていけばいいのでしょうか？

（以下，性暴力の具体的な被害に関する記述が含まれます）

日本軍「慰安婦」制度ってなに？

日本軍「慰安婦」制度とは，1932年から日本のアジア太平洋戦争敗戦まで，日本軍がアジア各地に「慰安所」をつくり，女性たちに強制的に軍人の性の相手をさせていた制度です。よく，「慰安婦」と言えば韓国の被害者を思い浮かべる人も多いと思います。たしかに，「慰安婦」にされた被害者の多くは朝鮮半島（現在の大韓民国，朝鮮民主主義人民共和国）出身者でした。それは日本が朝鮮半島を植民地支配（52〜58頁参照）していたからです。朝鮮人被害者の多くは連行当時10代で，学校にも満足に通えない貧しい女性たちでした。そして実は，朝鮮人のほかにも中国，台湾，フィリピン，インドネシアなどの女性，なかにはオランダ人女性（当時オランダはインドネシアを支配していたため）や日本人女性もいました。ここからもわかるとおり，日本軍「慰安婦」問題は決して日韓に限った問題ではないのです。

ところで，なぜ「慰安婦」とカギカッコをつけるのでしょうか。それは「慰安」という言葉の持つ「労をねぎらって楽しませる」という意味が，軍人の性の相手を強制された女性たちの性暴力被害の実態とかけ離れていて，「慰安婦」という呼び方を拒否する被害者もいるからです。そして，さまざまな証言や文書が示すとおり，「慰安所」をつくり，女性たちを「慰安婦」にさせたのが日本軍だったので，日本軍「慰安婦」問題と言われるのです（後述するように，日本軍「慰安婦」制度は性奴隷制だったので，日本軍性奴隷制問題とも言われます）。また，「従軍慰安婦」問題という言い方もよくされますが，「従軍」という表現によって女性たちが自発的に軍に従ったかのような意味にとれるため，現在はこの言い方はふさわしくないと言われます。

女性たちはさまざまな方法で強制的に連れ去られ、「慰安婦」にさせられました。たとえば、朝鮮や台湾では、日本の軍や警察に選ばれた業者が女性たちの貧困につけこみ「お金が稼げる」と言って女性をだましたり、親にお金を渡したりして連行する方法が多くとられました。誘拐や人身売買です。また、暴力や脅迫を用いた連行（略取）のケースもありました。注意しなくてはならないのは、こうした業者はあくまで軍の手足であり、女性たちの海外への移送などには軍が積極的に関わっていたこと、そして制度全体の運用は軍がおこなっていたということです。また、こうした連行は当時の刑法にも違反する犯罪でした。中国や東南アジアなどの戦地・占領地では、軍が村の有力者に命じて集めさせたり、軍が直接集めたりするケースもありました。これらの連行は本人の意思に反したものでした。つまり、女性たちが「慰安婦」になるとわかったうえで、自ら進んで「慰安婦」になるために「慰安所」へ行ったわけではないということです。物理的暴力の有無を問わず、本人の意思に反して連行することを強制連行と言います。また、たとえ女性たちが自ら進んで「慰安婦」になったように見える場合でも、その背景には日本の侵略・植民地支配による民族差

figure 3　軍が「慰安婦」を集めることに関わっていたことを示す文書

出典：1938年3月4日の陸軍省副官通牒
「軍慰安所従業婦等募集に関する件」

別・ジェンダー差別・階級差別（貧困）などがあり，女性たちの職業選択の自由が制限されていたことも忘れてはいけません。

　連れて行かれた先の「慰安所」での生活は非常に過酷なものでした。女性たちは軍の厳しい監視のもと，「慰安所」に閉じ込められ，「慰安婦」をやめることもできないまま，軍人との性行為を拒否する自由がありませんでした。つまり，「外出の自由」も「居住の自由」も「廃業の自由」も「拒否の自由」もなかったのです。「慰安所」の実態のほんの一例ですが，在日朝鮮人の日本軍「慰安婦」被害者，宋神道さんの証言を見てみましょう。

　その日終わってから，入れ替わり立ち替わり軍人が来るようになって。軍人は軍人だから。〔中略〕言うこと聞けだとかなんとか言って，またいじめるんじゃないかなと思って，おっかなかったの。刀ぶらさげて来るんだから。とにかく言葉が通じないから。嫌なら嫌だと今ならばしゃべられるけど，オレは無学でしょう。学校も出ていないから。だから字も読めないし，言葉も通じないし，大変苦労だったんだって。

　何回も逃げたけど，結局捕まって殴られる。飯も食わせないし。何か別な仕事をやると言ってもやらせないし。おまえは別の仕事やらせるために連れて来たんじゃないとか，それで殴られる。帳場には殴られる。軍人たちには殴られる。本当に殴られ通しだよ。だから気持ちが荒くなるの無理もないの。足で蹴っ飛ばしたりね。あんな大きな手さ。釜の蓋みたいな手で引っぱたかれてごらんなさい。だから耳が遠くなっちゃって，片一方聴こえないし。ほっぺたはたこが寄っちゃって，なんぼ殴っても痛くないの。太鼓と同じ。叩かれ慣れて，なんぼ叩いたって痛くない。
（アクティブ・ミュージアム「女たちの戦争と平和資料館」編『証言　未来への記憶　アジア「慰安婦」証言集I　南北コリア編〈上〉』明石書店，2006年）

29

このように，宋さんは「慰安所」から逃げたくても逃げられません
でした。「慰安婦」をやめることも許されませんでした。軍人の刀や暴
力，言葉の問題で拒否をしようにもできませんでした。さまざまな自
由を奪われ，性に関する自己決定権が侵害されていた性奴隷状態だっ
たと言えるでしょう。

figure 4　中国の「慰安所」の前で行列をつくる日本兵たち

出典：村瀬守保『私の従軍中国戦線』107頁

　このような日本軍「慰安婦」制度は，国際的には性奴隷制として認
知されています。近年，日本政府は物理的暴力による強制連行の有無
に議論の焦点をあてています。しかし，どんな方法で連れて行かれた
にせよ，「慰安所」で女性たちが性奴隷状態にあったこと，そして民族
差別・ジェンダー差別・階級差別に基づき人権を侵害する戦争犯罪を
日本という国家が推進したことが問題の本質なのです。
　なお，このような強制連行や「慰安所」での強制の実態は被害者の
証言をはじめ，元軍人の回想記録，外国の公文書などからも明らかに
なっており，日本の裁判所も公式に被害を認めています。

もう謝罪して，お金を払ったんじゃないの？

　解放後も，被害女性たちは「慰安所」で負った身体的な傷に加え，

トラウマ体験による PTSD（心的外傷後ストレス障害）などの精神的な傷や，女性に「貞操」や「純潔」を求める社会的な差別などにより，公に被害を訴えることは難しい状況にありました。

　しかし，冷戦の終結や韓国の民主化にともなう女性運動の高揚に乗じて，1991年8月に金学順さんがはじめて実名で日本軍「慰安婦」被害者として名乗り出て，記者会見をおこなったのです。そして，この年の12月には金学順さんとほか2名の被害者（仮名）が，アジア太平洋戦争で被害を受けた韓国人の元軍人・軍属や遺族とともに日本政府に対して補償を求めて提訴しました。この提訴は当時大きなニュースになり，次々に各国の被害者が名乗り出はじめるきっかけになりました。市民運動なども広がるなかで，こうして日本軍「慰安婦」問題は社会問題化・国際問題化していったのです。

　このような動きに，日本政府は1993年に河野洋平内閣官房長官（当時）が発表した「河野談話」で「軍の関与の下に，多数の女性の名誉と尊厳を深く傷つけた」と認め，「お詫びと反省」を示しました。また，日本軍「慰安婦」問題を「歴史の教訓」とし歴史研究や歴史教育を通じて記憶していくことを宣言しました。しかし，軍が主体であるにもかかわらず「軍の関与」とするなど，事実認定には曖昧な部分があったり，性奴隷制や戦争犯罪であったことが明言されなかったりするなどの課題を残しました。続く1995年の戦後50周年に際して村山富市首相（当時）が発表した「村山談話」では「植民地支配と侵略によって」「とりわけアジア諸国の人々に対して多大の損害と苦痛を与え」たことが認定され，「お詫びの気持ち」も示されました。

　ところが，日本政府は，日本軍「慰安婦」問題の法的責任は，サンフランシスコ講和条約（1951年調印，翌年発効）や，日韓請求権協定（1965年）をはじめとした2国間協定で解決済みであり，賠償する必要はないとの立場をとりました（なお，被害国のひとつである朝鮮民主主義人民共和国とは国交が回復されていないため，日本政府の見解を前提にした場合でも，なんら問題は解決していないということになります）。こ

こでは日韓請求権協定について見てみましょう。

　同協定では，両国の間で請求権が「完全かつ最終的に解決された」とされました。しかし，そもそも，この協定での請求権とはあくまで債務に関するものであり，日本軍「慰安婦」問題のような国家犯罪，人権問題は想定されていませんでした。さらに，この協定の締結にあたっては，日本軍「慰安婦」被害者の受けた被害内容について議論されていませんでした。1965年の時点では被害女性が公式に名乗り出ていないことをふまえても，この協定で日本軍「慰安婦」問題が解決されたとは言えないのです。また，仮に日本政府が主張するように同協定の対象にこの問題が含まれているとされる場合でも，この協定により放棄されたとされているのは「外交保護権」にすぎません。「外交保護権」とは「国が自国民の受けた被害を国の被害とみなして相手国に請求する権利」のことで，被害者個人の請求権は消滅させられたわけではありませんでした。このことは日本政府も認めています。つまり，被害者個人が日本政府に対して請求権を行使することはまったく問題ないのです。

　法的責任は「解決済み」であるとした日本政府の立場に基づき，1995年には「女性のためのアジア平和国民基金」（アジア女性基金）という事業がはじまりました。これは，日本国民の募金による「償い金」や内閣総理大臣の「おわびの手紙」などを，被害者に渡すというものでした。しかし，これは募金だったので国の正式な賠償とは言えず，受取り対象国も韓国・台湾・フィリピンに制限されたうえ，「謝罪の手紙」は「償い金」を受けとった人にしか渡されませんでした。そのため，被害者や支援団体から批判を浴び，事業は失敗しました。またこの事業は，お金を受けとった被害者と受けとらなかった被害者，そしてそれを支える支援団体などに分断を生みました。それだけでなく，お金を受けとるか受けとらないか，被害者自身の心の内を引き裂くものでした。

　そんななかでも，被害者や支援団体，市民らによる熱心な運動は，

figure 5　2000年女性国際戦犯法廷

提供：VAWW RAC

2000年に女性国際戦犯法廷という民衆法廷を開くまでに発展しました。そこでは東京裁判当時の国際法に基づいて，国際法に名高い判事団・検事団により，日本軍「慰安婦」制度が性奴隷制で「人道に対する罪」であるという観点から「昭和天皇の有罪」「日本政府に国家責任」という判決が下されました。昭和天皇についてですが，日本で浸透している「軍部に踊らされた天皇」というイメージとは裏腹に，実は昭和天皇は軍事知識も持ち合わせ，大元帥（軍のトップ）として軍の作戦に主体的に関与する存在でした。そのため，法廷では膨大な証拠をもとに，昭和天皇が大元帥として「慰安所」の設置や管理などについて「知っていたか，または知るべきであった」として有罪判決が下ったのです（天皇と植民地支配の関係全般については80〜85頁参照）。

　しかし，この頃から日本では歴史修正主義（ここでは，日本の加害の歴史を否定・歪曲し，正当化する考えや運動を指すものとします）が現れはじめます。特に，「河野談話」を受けて1997年から中学校歴史教科書への「慰安婦」記述がはじまりましたが，これに対するバックラッシュとして，さまざまな歴史修正主義団体が発足するようになりました。また，2000年の女性国際戦犯法廷を扱ったNHKの番組には，衆議院議員の安倍晋三氏らが政治介入し，内容を改ざんさせるという事

33

件も起きました。加えて，政治家が被害事実を否定する発言をするなどの謝罪を打ち消すような不誠実な対応も増えていきました。

　2006年に第1次安倍政権が発足すると，翌2007年に安倍首相（当時）は「官憲が家に押し入って」連行するような「強制性」はなかったとする答弁をおこないました。こうした発言は国際社会から非難を呼び，アメリカ連邦議会下院では2007年に，日本軍が女性たちに性奴隷を強制した事実を明白に認め謝罪することを日本政府に勧告する決議も採択されました。

　2011年には，被害女性たちの訴訟を受けて，韓国の憲法裁判所が，韓国政府が日本軍「慰安婦」被害者の賠償請求権の問題解決のために努力していないことは被害女性の基本権を侵害しており，違憲行為であるという判決を下しました。先に述べたように，日本政府は1965年の日韓請求権協定によって日本軍「慰安婦」問題が解決されたという立場でしたが，それに対して韓国側は解決されていないという立場で，明らかに対立がある状態でした。しかし，こうした状況に対し，韓国政府は問題解決のために具体的な行動をとっていなかったため，違憲判決が下されたのです。

　こうして李明博大統領（当時）は日本政府に問題の解決を提案することになりました。韓国では長らく被害者や支援団体が運動を続けてきましたが，こうした運動が韓国司法を，韓国司法が韓国政府を動かしたのです。日本では「大統領が支持率を上げるために歴史問題を利用しているのではないか」との声がありますが，そうではありません。しかし，野田佳彦首相（当時）は協議に応じませんでした。

　第2次安倍政権期の2015年におこなわれた「戦後70年談話」で安倍首相（当時）は，日本による植民地支配の問題には触れず，むしろ朝鮮植民地化につながった日露戦争を肯定しました。また，日本軍「慰安婦」問題に対する明確な言及は避け，加害行為に対する謝罪を続ける意思も否定しました（詳しくは日本軍「慰安婦」問題webサイト制作委員会編『増補版　Q＆A朝鮮人「慰安婦」と植民地支配責任──あなたの

figure 6　ソウルの「戦争と女性の人権博物館」の壁画

撮影：熊野功英

疑問に答えます』御茶の水書房，2015年)。

　同年の年末には日韓「合意」も締結され，日本政府が韓国の財団に10億円を拠出することや，この「合意」をもって日本軍「慰安婦」問題が「最終的かつ不可逆的に解決される」こと，「平和の少女像」(39〜41頁参照)の撤去・移転要求などが発表されました。しかし，この「合意」では被害者の意思は無視され，政府間だけで問題を終わらせることが目指されていました。また，10億円もあくまで支援金であり，日本政府が法的な責任を認めたうえで払う賠償とは言えませんでした(日本政府自らも賠償ではないと表明しています)。「平和の少女像」に関しても被害者や支援団体に事前によく知らされていませんでした。そのため，被害者や支援団体からは批判の声があがり，国連の女性差別撤廃委員会からも，被害者の意思を尊重するという「被害者中心アプローチ」が十分に採用されていないと，「合意」の問題点が指摘されました。

結局，どうしたら解決するの?

　では，問題の解決のためになにが必要なのでしょうか。ここで重要な点は，日本政府や多くの日本人が考えている謝罪や解決と，被害者

や支援団体が考えている「謝罪」や「解決」が異なっているということです。日本では，文言上の謝罪をし，これ以上問題化させないことが解決だと思っている人も多いと思います。しかし，被害者や支援団体の考える「謝罪」とは，まず日本政府が具体的な事実を認めること。そして日本軍「慰安婦」制度が国家犯罪であるということを前提に法的責任を認定し，おわびを示したあと，それが真のものであることの証としての国家賠償をすること。さらに真相究明，歴史教育などの再発防止策をとるという，後続措置を含んだ「謝罪」なのです。そして「解決」とは，このような被害者が受け入れられる解決策を示し，それに従って絶え間ない努力をしていくことだと考えているのです。ある意味では，「最終的」でも「不可逆的」でもないからこそ「解決」なのです。日韓「合意」はその正反対と言えるでしょう。

　このように考えると，「謝罪」や「解決」とは一時的なおわびの言葉や賠償金（日本はそれさえ払っていないのですが）で終わらない，むしろ継続した謝罪の意の表明や「解決状態」を保つ努力の姿勢そのものだと言えます。つまり「謝罪」や「解決」とは点ではなく線なのです。ですから，事実と法的責任さえも十分に認められていない現在，日本軍「慰安婦」問題は解決しているとはとうてい言えないのです。

わたしたちはどうしたらいいの?

　韓国では，日本政府に対して「謝罪」や「解決」を求めるとともに，被害者を支援・記憶する運動が若者を含めた市民によっておこなわれています。韓国のアイドルが身につけている「慰安婦」グッズもその記憶の運動のひとつだと言えるでしょう。また，そうした運動は現在，日本軍「慰安婦」制度のみならず，世界中の戦時性暴力の根絶を訴える平和運動に広がっています。こうした日本軍「慰安婦」問題を普遍的な人権の問題とする観点は，2021年1月の韓国での「慰安婦訴訟」判決にも反映されており，日本政府に対する被害者への賠償命令につながりました（一方，被害者の訴えを却下した2021年4月の同様の訴

訟の判決は，被害者の人権よりも国家を優先したものだったと言えるでしょう）。

　わたしたち日本人はどうでしょうか。この問題を「過去の問題」とし，単なる外交・政治問題やわたしたちの気分を害する問題だととらえていないでしょうか。先にも説明したとおり，日本軍「慰安婦」問題はいまだ「解決」のスタートラインにも立てていないうえ，日本軍「慰安婦」制度を生んだ民族差別・ジェンダー差別・階級差別は今も日本社会に残っています。決して「過去の問題」とは言えないのです。そして，最も傷つけられたのは被害女性たちなのであって，人権の問題なのです。忘れてはならないのは，わたしたちが目指すべきは政治的に「決着」をつけることではなくて，すでに亡くなった被害者を含めたすべての被害者の尊厳が回復されることだということです。そして，その背景にあった日本の侵略および植民地支配が問い直されることです。そのために，わたしたち日本人はまず，日本軍「慰安婦」問題を政治問題ではなく人権問題ととらえることからスタートし，被害者を記憶すること，そして，点ではない線としての「解決」をわたしたち自身が関わる問題として認識しながら，日本政府に要求していくことが求められているのではないでしょうか。

37

マリーモンドと「少女像」

熊野功英

マリーモンド（MARYMOND）って？

　マリーモンドとは，2012年に韓国の若者たちが立ち上げたソーシャルベンチャー企業です。特に日本軍「慰安婦」被害者を「人権運動家」として再評価し，被害者ひとりひとりのイメージに合わせた花のモチーフを使用したスマホケースやファッションアイテムなどを制作・販売しています。売上の一部は日本軍「慰安婦」被害者や虐待被害児童への支援に寄付されており，人権が尊重された正義と平和に満ちた世界をつくるための活動を積極的におこなっています。韓国の有名芸能人やK-POPアイドルたちがマリーモンドのグッズを身につけている

figure 7　ソウルのマリーモンドショップ

撮影：熊野功英

figure 8　マリーモンドのグッズ

撮影：朝倉希実加

ことも知られています。

　一部の日本人は，マリーモンドやマリーモンドのグッズを身につける韓国の芸能人を「反日」だと主張していますが，マリーモンドは日本軍「慰安婦」被害者の記憶を通して，人権や正義，平和のために暴力に反対している企業です。マリーモンドのグッズを身につけている人たちは，日本を政治的に攻撃する意図を持っているというより，性暴力や性差別に反対し，真に人権が尊重される社会をつくるための行動をしているのです。

　日本ではマリーモンドジャパンのウェブサイト（https://www.marymond.jp）を中心にグッズを販売しています（韓国のウェブサイトはhttps://marymond.kr）。まずは，マリーモンドのグッズを眺めてみることをおすすめします！

「少女像」って「反日」なんでしょ？

　「少女像」の正式名称は「平和の碑」と言います（便宜的に「平和の少女像」とも言われます）。そもそも，この「平和の碑」は，日本軍「慰安

figure 9　水曜デモ

figure 10　梨花女子大の「少女像」

出典：Wikimedia Commons

撮影：熊野功英

婦」被害者たちをねぎらうため，水曜デモ1000回を記念して2011年12月に建立されました。

　水曜デモとは，1992年1月8日から現在まで続く，日本軍「慰安婦」問題解決のために，被害者や支援団体，市民らが毎週水曜日に在韓日本大使館前でおこなっているデモのことです。被害女性たちは，日本政府だけでなく韓国政府も一向にこの問題の真の解決のために積極的に動こうとしないなか，毎週デモを続けてきました。そして，その過程で自身の被害回復を訴えるだけでなく，二度と同じことが起こってはならないという普遍的な平和を求める「平和運動家」「人権運動家」になっていきました。地道な運動を続けてきた被害者を称え，その歴史を記憶していくために「平和の碑」が建立されたのです。

　そんな「平和の碑」ですが，日本では「少女像」と呼ばれ「反日」の象徴や日韓関係の「邪魔者」のように扱われています。しかし，「平和の碑」は，そもそも水曜デモを続けてこられた被害者をねぎらうため

のものであり，被害者の人生を象徴するものでもあります。そのため，「平和の碑」を「反日」の象徴だとする見方は被害者の人生をさらに侮辱する行為なのです。

　現在では，在韓日本大使館前の「平和の碑」だけでなく，さまざまなデザインの「平和の少女像」が韓国各地やアメリカ，カナダ，オーストラリアなどにも設置され，2020年9月にはドイツのベルリン市ミッテ区にも設置されました。「平和の少女像」は国際的には，日韓関係の問題や「反日」の象徴などではなく，女性の人権と戦時性暴力の問題だと認識されて連帯が示されているのです。しかし，日本政府はこうした動きに圧力を加え続けています。

　日本でも2019年夏，日本最大規模の国際芸術祭「あいちトリエンナーレ」の「表現の不自由展・その後」（以下，不自由展）で「平和の少女像」が展示された際，政治的な圧力によって不自由展自体が中止に追い込まれる事態が起きました。

　「平和の少女像」が日韓関係改善の「邪魔者」になっているのではありません。むしろ日本が自国の加害の歴史を直視せずに，「平和の少女像」を「反日」の象徴だとする姿勢こそが，被害者の人権回復，そして真の日韓関係改善においても「邪魔者」になっているのです。

なんで韓国は「軍艦島」の
世界遺産登録に反対したの?

牛木未来

　「日本の産業化の象徴」として多くの人が訪れる観光地,「軍艦島」
(長崎県端島)。その見た目が軍艦のようであるため，このように呼ば
れています。かつて「軍艦島」では，海底炭鉱の採掘がおこなわれて
いました。

　「軍艦島」は2015年7月,「明治日本の産業革命遺産　製鉄・製鋼,
造船, 石炭産業」の名称で世界文化遺産のひとつとして登録されまし
た。8県11市の広域に立地する23の遺産で構成されており，わたした
ちがテスト対策で覚えたような，三菱重工業株式会社長崎造船所，日
本製鉄株式会社八幡製鐵所も含まれています。

　韓国政府はこの「明治日本の産業革命遺産　製鉄・製鋼, 造船, 石

figure 11「軍艦島」

出典：pixabay

figure 12「軍艦島」

提供 :chingu

炭産業」のうち7施設について，植民地時代に朝鮮半島から強制動員
された徴用工（韓国では主に強制徴用被害者と呼ばれますが，本書では便
宜上，徴用工という語を用います）が存在したとして，世界遺産登録に
反対しました。当時高校生だったわたしは，この世界遺産をめぐる問
題をまったく知りませんでした。

　大学に入って，「韓国は日本の誇りである世界遺産に対して反対し
ている」という反発があり，植民地期の「軍艦島」の様子を描いた韓
国映画『軍艦島』(2017年，リュ・スンワン監督) が「反日」映画だと言
われていたことを知りました。ネット上では，「民族差別はなく，労
働者たちは家族のように仲よく支えあって日本の近代化に貢献した」
「朝鮮人労働者は強制ではなく自分の意志で働きに来ていた」「日本人
以外の労働者たちも賃金をもらっていた」などの情報が流れています。
映画もネットでの情報も，どちらもそれらしく思え，どちらも嘘にも
思える。なにを信じたらいいのかわからず，どちらの主張にもモヤモ
ヤしました。

　2018年，韓国・大法院（最高裁判所）は日本企業に対し，徴用工へ
の損害賠償を命じる判決を出しました。日本政府は，1965年の日韓請
求権協定によって徴用工問題は解決しており，この判決は国際法違反

だと主張しています。この判決の当時、わたしは友人と「法律的なことは難しいし、結局請求権協定でなにが決められたのか、よくわからないよね」と話したのを覚えています。

この判決のあと、日韓関係は「史上最悪」と言われるようになり、経済交流までにも影響を及ぼしました。韓国がそこまでかたくなになる徴用工問題とはなんであり、「軍艦島」などの労働現場で実際になにがあったのでしょうか。また日本の対応のなにが問題視されているのでしょうか。

徴用工ってどんな人？

徴用工とは、1939年以降に日本に強制的に連れてこられ、労働させられた朝鮮人や中国人のことを指します。日中戦争がはじまると、労働力不足に直面した日本の軍需・炭鉱企業などが朝鮮人の労働動員を政府へ要求するようになりました。日本政府は1939年9月、「募集」の形態で当時日本の植民地だった朝鮮から朝鮮人を動員しはじめますが、朝鮮人労務者を集めるのは朝鮮総督府官吏や警察官の仕事であり、この時点で国家が深く関与しています（朝鮮総督府は朝鮮を支配した日本の機関。以下「総督府」と略記することがある）。

この政策はまもなく行き詰まりました。朝鮮の農村から西・北朝鮮、満洲への労働動員もおこなわれていたこと、農業労働力も必要とされたことから、動員できる労働力が不足したためです。政府は動員体制を強化するため、1942年2月「官斡旋」方式での動員をはじめました。この頃からは身体虚弱者や高齢者も動員されるようになっていました。ここでも、朝鮮人労働者を集めて企業に引き渡すまでの業務は、すべて地方行政団体をはじめとした朝鮮総督府の下部機関が主導しました。

figure 13　仁川(インチョン)の強制徴用労働者の像

撮影：加藤圭木

　さらに1944年9月からは朝鮮人にも国民徴用令(こくみんちょうようれい)が適用され，動員に応じない者は国家総動員法によって法的に処罰されました。そのため，日本に動員されていた朝鮮人は契約の満期を迎えても国民徴用令が適用されたために故郷へ帰ることを許されませんでした。

　日本では徴用工の「徴用」という言葉が国民徴用令以降の労働動員を指すものと誤解されることがありますが，歴史問題における「徴用」は「募集」「斡旋」も含めた労働動員全体を指します。そしてこのすべての段階において，朝鮮人に対して強制力が働いていました。1945年までに合計約80万人の朝鮮人が動員されたと言われています。

本当に強制だったの？

　「徴用工は強制されて日本に来たのではなく，自由意志で出稼ぎに来ていただけだ」と主張されることがあります。実はこれについてはさまざまな点から反証が可能なのです。

　まず，主な動員先となった炭鉱での労働が，日本人はもちろん朝鮮人にも忌避(きひ)されていたという事実があります。植民地支配下で在日朝鮮人の人口は増えていきますが，炭鉱労働者は不足し，朝鮮人の動員を政策としておこなわねばならなかったのです。また動員された朝鮮

45

人の多くが識字能力のない貧困農民出身者であることがわかっており，自費で渡日できる自作農〜中小農とは層が異なります。

　そうした貧困層の多くは，日本の朝鮮に対する経済政策によって生み出されました。まず，1910年3月より日本が着手した「土地調査事業」では，日本人を頂点とした地主制が形成され，自作農や自作兼小作農は土地を失い小作農へと転落させられました。さらに1920年から総督府により実施された「産米増殖計画」により朝鮮での米の生産高は増大しましたが，それ以上に対日移出高を増やされ，朝鮮人の1人あたりの消費高は減少しました。1939年から42年の間に死亡した身元不明の流浪農民は総督府が把握しているだけで2万2651名にのぼりますが（山田昭次ほか『朝鮮人戦時労働動員』岩波書店，2005年），その多くが餓死，栄養失調，凍死によるものでした。このような状況で「衣食住を保証してやる」と言われ，生き残るために動員に応じざるをえなかった朝鮮人が多く存在しました。

　しかし，炭鉱の劣悪な労働環境に直面し，動員されてから逃亡する人が増えました。噂が伝わった結果，朝鮮でも動員が忌避されるようになりました。これは「官斡旋」段階の様子ですが，内務省嘱託小暮泰用は「復命書」（内務省管理局長宛，1944年7月）において次のように記しています。

　　徴用は別として，その他いかなる方式によるも，出動は全く拉致同様な状態である。それは，もし事前においてこれを知らせば，皆逃亡するからである。そこで，夜襲，誘出，その他各種の方策を講じて，人質的掠奪的拉致の事例が多くなるのである（史料引用にあたっては，読みやすさを考慮して一部の漢字をひらがなにおき換え，読点を補った）。

　出頭命令を出された人数のおよそ3分の1が出頭しなかった村や，徴用を避けるために，みずから左手を切断したような例もあります。

このような抵抗に対し総督府は徴用忌避者を検束するなどの弾圧を加えました。実際に動員されてから身体検査で不採用となり朝鮮に送還された人びとの記録も残っており、自ら進んで動員に応じたと考えることは難しいでしょう。さらに1943年頃からは女性も「朝鮮女子勤労挺身隊」として動員されました。朝鮮人は貧困と強圧を背景に、朝鮮人であるという理由で、日本人が忌避する劣悪な労働環境へと送り込まれたのです。

労働現場での民族差別は本当にあったの？

強制的な動員があったことはわかっても、次に「徴用されたのは日本人も同じじゃないの？」という疑問にぶつかると思います。しかし、前述したように動員過程はもちろん、労働現場でも朝鮮人は中国人捕虜とともに民族差別の対象となりました。近隣の高島と合わせて4000名の朝鮮人が動員された「軍艦島」も例外ではありません。インターネット上では「軍艦島」での民族差別がなかったというような証言が多数公開されていますが、実際に民族差別を受けた被害者の証言はほとんど扱われていません。徴用工が受けた民族差別やそれを生み出す構造が無視されているのです。ここで14歳で慶尚南道から「軍艦島」へ動員された徐正雨氏の証言とともに、徴用工のおかれた状況を見ていきます。

　私たち朝鮮人は、この角の、隅の二階建てと四階建ての建物に入れられました。一人一畳にも満たない狭い部屋に七、八人いっしょでした。外見はモルタルや鉄筋ですが、中はボロボロでした。〔中略〕私たちは糠米袋のような服を与えられて〔中略〕掘さく場となると、うつぶせでほるしかない狭さで、暑くて、苦しくて、疲労のあまり眠れなくなり、ガスもたまりますし、それに一方では落盤の危険もあるしで、このままでは生きて帰れないと思いました。落盤で月に四、五人は死んでいたでしょう。今のような、安

47

全を考えた炭鉱では全然ないですよ〔中略〕こんな重労働に，食事
は豆カス八〇％，玄米二〇％のめしと，鰯を丸炊きにして潰した
ものがおかずで，私は毎日のように下痢して，激しく衰弱しまし
た。それでも仕事を休もうものなら〔中略〕リンチを受けました
（徐正雨氏証言。長崎在日朝鮮人の人権を守る会『軍艦島に耳を澄ませ
ば――端島に強制連行された朝鮮人・中国人の記録』社会評論社，
2016年より）。

　労働現場で朝鮮人が受けた待遇は，劣悪な居住環境と厳しい監視体
制のもと，十分な衣服や食事の給付も受けられず長時間働かされ，仕
事を休んだり逃亡を試みればリンチに遭うという過酷なものでした。
また動員された朝鮮人は，労働現場の外でも警察が管制する治安組織
「協和会」の監視にさらされることになるため，逃亡も困難でした。
1945年までの20年間に「軍艦島」で発行された死亡診断書，火葬認許
証交付申請書（通称「端島資料」）からは，朝鮮人・中国人の死亡率が
日本人よりも高く，特に1944年では朝鮮人男性の死亡率が日本人の2

figure 14 福岡県田川市の炭鉱跡に建てられた韓国人徴用犠牲者慰霊碑

撮影：加藤圭木

倍以上にもなっていたことがわかります。その死因の半数以上が「事故死」とされており、徴用工たちは常に死と隣り合わせにありました。

　動員された朝鮮人が、日本人より高い賃金を受けとっていたというのも、まったくの虚構です。朝鮮人鉱夫の賃金を日本人鉱夫の賃金より抑えるようにという企業方針を記した記録が多数残っています。朝鮮人鉱夫の賃金が額面上は日本人鉱夫と同じ場合でも、それは朝鮮人鉱夫の休みが日本人鉱夫より少なかったり、労働時間が長かった結果です。また手取り額としては、朝鮮人鉱夫に対してどの企業も月収10円程度しか支給していません。日本人鉱夫が賃金の貯金と引き出しを自由に認められていたのに対し、朝鮮人鉱夫は強制的に貯金させられ企業に横領されたため、生活費を受けとることもままなりませんでした。そして解放後、朝鮮人鉱夫に本来支払われるはずの未払い金も、支払われないケースがほとんどでした。

　さらに、強制動員の被害は男性だけが受けたわけではありません。労働現場付近には企業と国が協力して設置・維持した、産業「慰安所」が存在しました。そこには軍「慰安所」と同様、女性たちが貧困などを背景に自らの意思に反して連れてこられました。かのじょらは「男性労働者を支え、国家へ貢献する」という論理のもとで性暴力を振るわれました。「軍艦島」でも朝鮮人女性が性接待を強いられていたという証言があります。また近隣の高島でも、女性たちが「軍艦島」労働者の性の相手をさせられました。高島炭鉱と「軍艦島」には1939年時点で計80名近い「慰安婦」女性が存在したとも言われています。「軍艦島」で単身「酌婦」として働かされ18歳の若さで服毒自殺を遂げた盧致善さんも、被害を受けた女性のひとりではないかと言われています。

徴用工問題は1965年の請求権協定で解決済みなんじゃないの？

　徴用工問題でよく話される法律的な議論についても、簡単に見ていきましょう。1965年の日韓請求権協定で消滅したのは元徴用工への未

払い金や補償金についての請求権であり，被害者が受けた肉体的・精神的苦痛に対する慰謝料は含まれていないというのが，65年当時の日韓両政府の解釈です。仮に慰謝料が含まれていたとしても，「慰安婦」被害者と同じく，徴用被害者個人が訴訟をする権利は消滅していません（32頁参照）。日本政府も被爆者個人の米国への賠償請求権は消滅していないと主張したことがあり，この原則は明らかです。

　また，動員当時朝鮮人は国籍上日本人であったのだから，日本の法律に基づく動員も合法であるという人もいます。しかし，そもそも植民地支配自体が不法であり，そのもとでの動員もまた不法なのです（59〜60頁参照）。2012年の韓国・大法院差し戻し判決も，「徴用」の根拠法令である「国民徴用令」「国家総動員法」の効力を否定しています。

歴史を記憶するのはなんのため？

　法的にも徴用工問題が解決していないことを述べてきましたが，仮にすべての訴訟が終了したとしても，それで本当に問題が「解決」したと言えるのでしょうか。

　「軍艦島」を含む日本の遺産の登録可否を争っていた当時，韓国政府はドイツがかつて強制労働の現場であった鉱山で現在おこなっているような，強制労働の被害事実を明らかにした形の展示がおこなわれるのであれば，世界遺産登録に反対しないと述べました。また，世界遺産の諮問機関「国際記念物遺跡会議（ICOMOS）」も，歴史の全貌が伝えられるよう日本に勧告しました。日韓の合意が得られなければ登録否決の可能性も濃厚でしたが，日本政府が「強制労働（forced labor）」の表現を避け，「労働を強いられた（forced to work）」人びとがいたことを表明するという形で妥結しました。この表明を，他国では「強制労働を認めた」と見る動きもありました。さらに佐藤地ユネスコ日本代表部大使（当時）は，歴史像全体を把握できる措置を講ずると述べ，情報センターの設立を計画していることも表明しました。

　しかし，日本政府はあとになって「forced to work」という表現が，

強制労働を意味するものではないと言いだしました。本来は負の歴史についても説明をする役割を負っている産業遺産情報センターにも、そうした展示は見られないばかりか、運営を受託している「産業遺産国民会議」のホームページには強制労働や民族差別を否定する情報ばかりが載っています。

　世界遺産は「現在を生きる世界中の人びとが過去から引継ぎ、未来へと伝えていかなければならない人類共通の遺産」です（日本ユネスコ協会連盟公式ホームページより）。一方、産業遺産情報センターによると、この世界遺産は日本の「幕末から明治にかけて非西洋諸国で先駆けて産業の近代化に取り組み、半世紀余りという極めて短い期間で産業国としての地位を確立した」（産業遺産情報センター公式ホームページより）という栄光の歴史を示すものであるといいます。この歴史観のなかに、日本の近代化の裏でおこなわれたアジアへの侵略行為、そして今は遺産となった現場で起こった負の歴史への自覚はあるのでしょうか。わたしたちが伝えなければならない歴史とはなんでしょうか。　51

どうして韓国の芸能人は
8月15日に「反日」投稿するの?

牛木未来

独立の日

　「今日は光復節です」「日本の植民地支配からの解放の日です」「独立万歳」

　8月15日に韓国の芸能人が投稿しているこのような文章や太極旗の写真を見たことがあるでしょうか。以前のわたしは「自分の『推し』が『反日』だったら悲しむ日本人ファンがいるはずなのに,どうしてSNSでわざわざ『反日』投稿をするのだろう。韓国人は愛国心がやっぱり強いのかなあ」と,なんとなく納得できないモヤモヤがありました。

　日本では「終戦の日」というイメージが強い8月15日ですが,韓国では「光復節」と呼ばれ,日本からの独立の日として記憶されています。しかし,わたしにとって植民地支配という歴史は,教科書内の単語として出てくるだけの存在でした。そもそもなにがあったのかよくわからない。日本軍「慰安婦」問題や徴用工問題などで言われているように,日本が悪いことをしたのかもしれないけれど,それと植民地支配とどんな関係があるのかもわからない。「謝った」「謝ってない」と,どちらの言い分が正しいのか判断できないし,「そんなに悪いものじゃなかった」という話も耳にする。戦争の話は映画やテレビで見たりするけれど,植民地支配と言われても実際のところ想像ができない。そんな感じでした。

　韓国人がそこまで重要視する植民地支配とは,いったいなんなので

52

しょうか。本節では，日本人が朝鮮への侵略に踏み出してから植民地支配にいたり，さらに植民地支配下でどのようなことをしたのか，その概要を整理することからはじめてみようと思います。

日本からの独立がそんなにおめでたいの？

光復節が韓国で大切にされているのはなぜでしょうか。

日本は1874年頃から朝鮮（当時は，1392年に建国された朝鮮王朝でした）に開国を迫るために軍事的圧力をかけ，朝鮮と明治政府との間の最初の条約である日朝修好条規（1876年）を結ばせました。この条約は日本に一方的に有利な不平等条約でした。そして，この不平等条約のもとで，日本の朝鮮に対する経済的な侵略がはじまりました。

開国後の朝鮮では多くの穀物が日本に向けて輸出されたために国内での米の供給が不足しました。また日本の商人や漁人が進出して朝鮮の人びととの市場や漁場を奪ったため，民衆の生活は困窮しました。そのため朝鮮の人びとは朝鮮政府に対し状況の改善を求めて抗議運動をしました。その代表的なものが1894年甲午農民戦争（東学農民戦争）です。「甲午」とは干支のひとつで，ここでは1894年のことを示します。また，「東学」は朝鮮独自の宗教で，東学の信徒を中心とした戦争でした。

この戦争を軍事侵略の口実にしようとした日本は，同年朝鮮へ出兵しました。そして，農民が朝鮮政府と和約を結んで撤兵したにもかかわらず，清の艦隊を攻撃して日清戦争を起こします。この戦争で朝鮮は戦場とされ，東学農民3〜5万人が日本軍によって虐殺されました。また日本の侵略を防ぐためロシアとの接近を試みた明成皇后（閔妃）は，朝鮮駐在日本公使三浦梧楼らによって殺害され，死体を焼き払われました。

1897年，朝鮮は国号をあらため，高宗を皇帝とする大韓帝国が成立し，君主権の拡大が図られました（以下，国家や政府を示す際には「大韓帝国」を用い，民族や地域名を示す際は「朝鮮」を用います）。これに対

し朝鮮の近代化を推進するための，朝鮮人による政治結社もつくられます。

　しかし，朝鮮での権益を独占したいと考えていた日本は，同時期に朝鮮半島や満洲に権益を拡大していたロシアとの対立を深めるようになりました。そしてロシア艦隊を攻撃し，日露戦争をはじめます。日露戦争が勃発する直前に，大韓帝国は中立の立場をとることを宣言していました。しかし，日本は中立宣言を無視します。1904年2月，日本軍は朝鮮の鎮海湾と馬山電信局を占領し，さらに仁川から上陸して首都・漢城（現在のソウル）を制圧しました。そして大韓帝国政府に「日韓議定書」の「締結」を強制し，朝鮮内における日本軍の自由な軍事行動を認めさせるなど，日本軍への協力を強制したのです。戦場となった朝鮮では朝鮮人の抵抗にもかかわらず，土地・労働力の収奪などの民衆への圧迫も起こりました。

　日露戦争で事実上朝鮮を占領下においた日本は，8月に「第1次日韓協約」を「締結」させます。大韓帝国政府に対し，日本政府の推薦する日本人1名を財務顧問に，外国人1名を外交顧問とし，その意見

54

figure 15　「第2次日韓協約」の「締結」の現場である重明殿

撮影：加藤圭木

に従うこと，外交案件については日本政府と協議のうえ決定・処理することを義務づけました。さらに1905年11月には，大韓帝国の外交権を奪って「保護国」とする「第2次日韓協約」を「締結」させました。しかし「保護」というのは建前で，「保護国」の実態は「主権を奪われた国」でした。

これら協約は大韓帝国側が自主的に応じたものではなく，締結にあたり日本は強大な軍事力をもって圧力をかけ続けていました。「日本の方針に従わなければ大韓帝国にさらなる弾圧を加える」と脅しをかけ，「保護国」化を強制したのです。大韓帝国を支配するために漢城には統監府がおかれ，初代統監に伊藤博文が就任しました。

日本が朝鮮の金融機関，税制度，教育制度までを事実上支配下におき内政にも深く干渉したため，朝鮮の人びとは激しく抵抗しました。1907年，大韓帝国皇帝高宗はオランダのハーグで開かれていた第2回万国平和会議に使節を派遣し，日本による外交権剥奪などの不当性を訴えました。これに対し日本政府は「第3次日韓協約」を強制し，大韓帝国の軍隊を解散させるとともに高宗を退位に追い込みます。

そして朝鮮各地では長期にわたり，日本の侵略に抵抗して義兵闘争という武力闘争が展開されていきました。日本の治安機構がまとめた『朝鮮暴徒討伐誌』には，1907年からの3年半の間に，14万人の義兵が日本軍と2819回にわたって交戦したと記されています。義兵側の死

55

figure 16　義兵

出典：Fight for Justice ホームページ

者は1万7688人にものぼったようです。

　こうしたなかで日本は朝鮮を完全に日本の支配下におくことを決意します。しかし朝鮮人は必死の抵抗を試みました。1909年10月には独立運動家安重根が、朝鮮侵略のリーダーのひとりであった伊藤博文を暗殺します。

　1910年8月、日本の寺内正毅統監が大韓帝国に「韓国併合に関する条約」を調印させました。こうして大韓帝国は廃滅させられ、朝鮮は完全に日本の植民地となりました（「韓国併合」）。日本は6月頃から警備部隊を漢城に集結させ、治安維持態勢を整えていました。「韓国併合に関する条約」について日本政府は「日本と大韓帝国双方の合意によって結ばれた合法的な条約である」という立場をとっていますが、軍事的脅威を背景にした「合意」は真の合意とは言えません。また条約の内容も2国の間で話し合われたものではなく、寺内正毅が考案したものです。そもそも大韓帝国は日本によってすでに外交権を剥奪されているため、日本と正当な条約を結ぶことは不可能です。つまり「韓国併合条約」は、日本政府が日本政府と結んだとも言える、いわば自作自演のものでした。

植民地化されたあと、朝鮮の人びとになにがあったのか

　植民地支配のもとで、朝鮮の人びとは日本の圧政に苦しみました。朝鮮人は国籍上日本人となったものの、実際は日本人と区別され、あらゆる場面で差別・搾取の対象となりました。朝鮮では朝鮮総督府という統治機関がおかれ、朝鮮支配の中心となり立法・行政権・司法・軍隊統率権をも一元的に行使することができる強大な権限を持ちました（天皇制と日本の朝鮮侵略・植民地支配との関係については、第3章「なぜ韓国人は『令和投稿』に反応するの？」で詳しく考えます）。

　当初の日本の朝鮮支配方式は「武断統治」と呼ばれる武力を前面に出した強権的なものでした。朝鮮では朝鮮総督府が支配の中心となり、言論・出版・集会・結社が厳しく制限されました。日本の支配に

figure 17　独立運動家が収監されていた西大門刑務所跡 (現在は博物館)

撮影：加藤圭木

反対する者は逮捕され容赦なく監禁・拷問されました。この時期，憲兵が一般の警察を兼任する制度がとられ (憲兵警察制度)，軍事的な支配が民衆生活を脅かしたのです。また日本人を頂点とした地主制がつくりだされ，そのなかで朝鮮農民の貧困化が進みました (46頁参照)。そのため生活に困窮した人びとは日本や朝鮮北部などに移動し，炭鉱などの劣悪な労働環境に身をおかざるをえなくなりました。教育面でも，朝鮮人の子どもの就学率は日本人と比較して低い状況でした。上記のように朝鮮人は貧困状態におかれたうえに，朝鮮では義務教育制も敷かれなかったためです。学校に通うことができた朝鮮人の子どもも，その多くは日本式の学校で日本語を学ばされました。日本人から差別や暴行を受けることも多々ありました。

　こうした状況に耐えかね，朝鮮人たちは国内外で独立運動を起こします。代表的なものに，1919年3月1日，ソウルでの集会を発端として朝鮮全土に広がった「3・1独立運動」があります。この運動は海外にも波及し，その後の独立運動の起点ともなった非常に重要な出来事です。韓国の芸能人が3月1日にも独立を祝う SNS 投稿をするのはそのためです。このとき読み上げられた「独立宣言」は朝鮮民族の自主・独立を求め，日本とのゆがんだ関係を清算し，ともに平和を希

57

撮影：加藤圭木

58

　求することを訴える内容でした。しかし総督府は運動を激しく弾圧
し，朝鮮民衆をだまして教会に囲い込んだうえで殺害するなど，朝鮮
全土で虐殺事件が起きました。
　「武断統治」の限界が明らかになってくるなかで，総督府は朝鮮人
の一部を懐柔することで日本の統治に従属させる「文化政治」へと方
針を転換します。ただし，日本人が朝鮮人を搾取するという経済構造
もその強権性も変わりはありませんでした。民衆を「反乱分子」とし
て危険視する政策の根本もそのままでした。朝鮮総督府は，憲兵が警
察官を兼ねる制度をとりやめ，普通警察制度に移行したものの，実際
には警察力を拡大させ，「治安」対策を強化しました。
　言論・出版・集会・結社の取り締まりについても，「文化政治」当初
には若干緩和されたものの厳しい検閲にさらされ続けました。1925年
の治安維持法施行後，民族運動，社会主義運動への弾圧は一段と厳し
さを増し，思想転向の促進もおこなわれました。

　さらに日中戦争がはじまり大日本帝国内の団結が求められるようになると，総督府は朝鮮人を天皇の臣民として服従させる「皇民化政策」（こうみんか）（82〜84頁参照）を強化しました。

　そして日本はアジア太平洋戦争末期には，徴兵という形で朝鮮人を日本の侵略戦争に協力させました。また，労働力不足のために強制徴用された労働者や日本軍の「慰安婦」にされた女性たちなど，多くの朝鮮人が日本により尊厳を踏みにじられ，人生を破壊されました。このような日本の圧政のなかでも，あらゆる階層の朝鮮人が独立を求める運動はやむことはありませんでした。独立という目標のために，イデオロギーを超えて連携した朝鮮民衆たちが国内外にネットワークを構築して日本の支配を揺るがしていきました。朝鮮人にとって日本からの独立とは，多くの犠牲を払いながら粘り強く継続した運動の末，自らの手で社会をつくる自由をとり返したものでした。それは日本による非人道的な支配からの解放を意味するものだったのです。

「韓国併合」は条約の形式をとっているから「合法」じゃないの？

　今まで述べてきたように，「韓国併合」は全体を通して強制的なものでした。そして朝鮮人は日本の朝鮮侵略や植民地支配の不法性を当時から現在まで一貫して主張してきました。たとえば義兵闘争を指揮した崔益鉉（チェイッキョン）は1896年の時点で，公理・公法といった国際法に基づいて日本の朝鮮侵略を批判しています。

　しかし，日本政府は現在にいたるまで，「条約」という形式である以上法律的には「合法」であるとし，国家としての法的責任を一貫して否定しています。この点こそあらためて考える必要があるのではないでしょうか。朝鮮への侵略は日本国家が主体となって強制的におこなったものであり，朝鮮人の意思を尊重したものではありませんでした。自分たちの構成する社会とそれを基盤とする人生を自らの手で形成するという，だれにでも保障されるべき自決の権利を朝鮮人から奪

うものだったのです。詳細は日本軍「慰安婦」問題や徴用工問題を扱う節で記しましたが、日本は国家のために朝鮮人を利用し、搾取する植民地支配をおこないました。朝鮮人への「慰安婦」や徴用工被害は、その結果として引き起こされたものであり、日本国家の政策あってのものだったことが明らかです。しかも、日本は植民地支配に対する責任をいまだ十分に果たしていません。このことは「慰安婦」や徴用工問題における被害者の人権回復を非常に難しくしています。

　残念ながら、旧植民国がイニシアチブをとっている現在の国際社会において、植民地支配の法的な責任が確立しているとは言えないでしょう。だからと言って日本の責任が不問に付されるわけではありません。他国が責任をとっていないから重大な人権侵害を日本も見過ごしてよいと、あなたは実際に被害を受けた人びとの前で言うことができるでしょうか。

　少しずつですが変化も起きています。世界では、植民地支配を罪とするための議論がはじまっているのです。2001年に開かれた国連反人種主義・差別撤廃世界会議（通称「ダーバン会議」）で採択された「ダーバン会議宣言」には、「植民地主義が人種主義、人種差別、外国人排斥および関連のある不寛容をもたらし、アフリカ人とアフリカ系人民、アジア人とアジア系人民、および先住民族は植民地主義の被害者であったし、いまなおその帰結の被害者であり続けていることを認める。植民地主義によって苦痛がもたらされ、植民地主義が起きたところはどこであれ、いつであれ、非難され、その再発は防止されねばならないことを確認する。この制度と慣行の影響と存続が、今日の世界各地における社会的経済的不平等を続けさせる要因であることは遺憾である」との項目が盛り込まれました（第14項、「ダーバン会議宣言」前田朗訳、一般財団法人アジア・太平洋人権情報センター、https://www.hurights.or.jp/archives/durban2001/durban.html、2021年3月14日取得）。これは長い間苦難に耐えながら世界中の被支配者が抵抗し、正義を訴えてきた成果です。

なぜわざわざ主張するの?

　韓国の人びとが8月15日を祝う背景には，今までに述べてきたような歴史があります。「日本が戦争に負けた日を祝日にするなんて，韓国には『反日』意識があるのではないか」「韓国人であるスターたちにも個人的な考えはあるから，そういう投稿をするのは仕方がないけれど，その主張を支持する必要もない」といった意見があります。しかし，韓流スターたちはSNS投稿をして，日本に向けて独立を「アピール」して嫌がらせをしているのではありません。朝鮮の人びとの誇りを傷つけ，人権を蹂躙し，多くの命を奪った日本の支配からの解放を祝うことを「嫌がらせ」と考えたり，「向き合わなくてもいい」と思うことは，日本による加害の歴史，そして生命・人権・平和などの大切な価値を否定することではないでしょうか。

　投稿内容を注意深く読むと，それらは決して日本をおとしめるものでも，個々人を攻撃しているわけでもないことがわかります。独立を記念する投稿で頻繁に用いられるフレーズは，「잊지않겠습니다（忘れません）」です。これをどう感じるでしょうか。

　日本政府は敗戦後も植民地支配に対する謝罪と反省の意を一貫して見せておらず，当事者の人権が回復されないまま高齢化が進んでいます。自決権を奪われた状態で日本がつくりだした植民地朝鮮での社会分断は，現在でも南北分断という形で朝鮮の人びとに深い痛みを残しています（92〜94頁参照）。そして，日本を含め世界各地で深刻な人権侵害が続いています。韓流スターたちが自己の影響力を使って訴えていることは，わたしたちにとってとても大切なことではないでしょうか。「反日」投稿と決めつけないで，一度立ち止まって，かれらの思いに耳を傾けてみませんか。そうすればファンをやめる必要も，見ないふりをする必要もないはずです。

61

コラム

インスタ映えスポット　景福宮

牛木未来

　ソウルの定番観光地として知られる景福宮（キョンボックン）。季節を問わず多くの観光客でにぎわいます。近年では世界的な韓国文化の流行にともない，韓服を着て写真を撮ることのできるインスタ映えスポットとしても，若者を中心に人気を集めています。みなさんのなかにも訪れたことのある人は多いのではないでしょうか。

　景福宮は1395年，朝鮮王朝の太祖・李成桂（イソンゲ）により創建されました。1592年豊臣秀吉（とよとみひでよし）が朝鮮を侵略した際に焼失しましたが，19世紀半ばに

figure 19　旧景福宮

出典：Wikimedia Commons

figure 20　景福宮で韓服を着る人びと

出典：unsplash

政権を握っていた大院君が主導して修復をおこない，1868年に再建
が完了しました。ソウルの中心に堂々とそびえる景福宮は王権の象徴
でした。

　日本は朝鮮侵略の過程で，幾度となくこの景福宮を傷つけてきたと
いう歴史があります。日清戦争直前，日本は景福宮を攻撃・占領し，
朝鮮政府に軍事的圧力をかけました。そして「日本軍が朝鮮政府の代
わりに清軍を撤退させる」という「同意」をとりつけました。清軍への
攻撃の口実を得た日本は清と開戦しますが，実際に日清戦争の戦場と
なったのは朝鮮半島でした。さらに，53頁で触れた明成皇后（閔妃）が
殺害されたのも，景福宮においてでした。その後日本の影響を避け，
時の国王高宗は景福宮を去ることになりました。

　このあと，日本帝国主義の示威のために景福宮を毀損し，朝鮮人が
大切にしてきた景観をことごとく踏みにじったのです。朝鮮侵略の過
程で日本は大韓帝国の皇室財産である景福宮の所有権を「併合」前か
ら実質的に掌握しました。「併合」後には博覧会などの行事を開催する
ため，宮殿領域の改編・公園化を進めます。その過程では景福宮領域
内の宮殿が撤去されました。また景福宮の正殿前には朝鮮支配の拠点

63

figure 21　景福宮の正門・光化門

撮影：加藤圭木

となる朝鮮総督府庁舎が建設されました。総督府庁舎は宮殿が隠れて
見えなくなるほどの大きさであり，有名な光化門（景福宮の正門）もこ
のとき移設されてしまいます。景福宮の破壊は，日本の侵略とそれに
ともなう乱開発・収奪という，朝鮮植民地支配を象徴する出来事のひ
とつでした。

　植民地支配からの解放当時，景福宮に残っていた伝統建築は，正殿
である勤政殿を中心に数棟のみだったといいます。解放後から朝鮮
戦争後までにいたる経済的・社会的混乱のため景福宮の修復は難しい
状況にありました。1960年代から景福宮の復元作業がはじまりますが，
本格化したのは民主化後の1990年代からです。朝鮮総督府庁舎は1997
年に解体が完了しましたが，この建物をめぐっては「民族の自尊心の
回復のためにも撤去すべきだ」という主張と「景福宮破損という負の
歴史を保存し，生きた歴史教育の場にするべきだ」という主張の間で
論争も生じました。光化門は2010年8月15日の光復節に，元の位置に
復元されました。

光化門前の広場は現在でも，韓国市民のシンボルとしてたびたびデモの現場となっています。しかし植民地支配の影響は現在でも消えたわけではありません。だからこそわたしたちは，景福宮を訪れるとき映画やドラマで観た，映えスポットという理解を超えて，日本の加害の歴史を省み，日本の支配を受けた朝鮮の人びとに思いを馳せてほしいと思います。

なぜ竹島は韓国のものだって言うの？

李相眞・牛木未来

竹島（韓国名：独島）は，東島と西島，そして数十個の岩礁からなる島嶼群で，その領有権は，日韓の間で最ももめている問題のひとつです。日本政府は「日本は1905年有効に竹島を編入し，近代国家として竹島を領有する意思を再確認した」と主張しています（外務省アジア大洋州局北東アジア課「なぜ日本の領土なのかがハッキリわかる！竹島問題10のポイント」，外務省ホームページ掲載パンフレット。以下「外務省パンフレット」と記す）。一方，韓国では「独島は韓国の領土である」と言っています。なぜ両国の主張は違っているのでしょうか。本コラムでは，領有権問題をめぐって特に重要となる近代以降についての竹島（独島）の歴史を，両国の立場を示す資料をもとに説明します。

1870年，日本政府の外交官佐田白茅らは『朝鮮国交際始末内探書』

figure 22　独島

出典：pixabay

のなかの「竹島松島朝鮮附属に相成り候始末」で、「竹島松島」が朝鮮付属となった経緯を説明しました。日本では、江戸時代から1905年まで、現鬱陵島については「竹島」、現竹島（独島）については「松島」が公式の名称でした。つまり、この時点で日本政府は現竹島（独島）が朝鮮領であると認識していたことがわかります。さらに、1877年にも日本政府は「太政官指令」において、「竹島外一島の儀、本邦関係これなし」と通達し、「竹島」＝現鬱陵島と「一島」＝現竹島（独島）が日本領でないことを再確認しました。

　日本が竹島（独島）編入をもくろんだのは日露戦争のときです。日露戦争が勃発すると、日本政府は大韓帝国と「日韓議定書」を「締結」します。この「日韓議定書」は日本側の強圧によって「締結」されたもの

figure 23　『朝鮮国交際始末内探書』

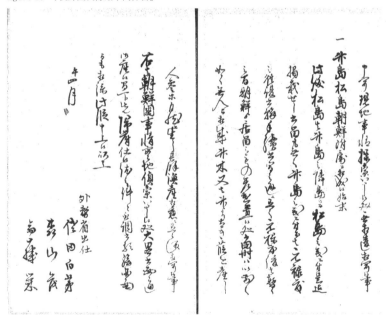

出典：アジア歴史資料センター

ですが，ここには軍事的に必要である場合は大韓帝国の領土を任意で収用することが可能であるという内容が明記されていました（54頁参照）。鬱陵島と竹島（独島）は日本の連合艦隊とロシアのウラジオストク艦隊が衝突する戦略的要衝地域であり，ロシアのバルチック艦隊の「日本海」進入監視のための望楼設置に最適の土地でした。すでに1904年9月には鬱陵島に望楼が設置されました。そこで，日本海軍は「日韓議定書」を利用して大韓帝国の同意なしに竹島（独島）への監視望楼と通信施設の設置可能性を調査しました。そして，島根県の中井養三郎は竹島（独島）での漁業活性化のために日本政府の高官との協議のうえ，「りやんこ島領土編入并に貸下願」を提出しました（当時，日本では竹島（独島）を「りやんこ島」とも呼んでいた）。

　このように竹島（独島）の重要性を再確認した日本政府は，1905年1月の閣議決定で「無主地」とされていた「りやんこ島」を「隠岐島司の所管」と定め，「竹島」と命名しました。そして，島根県知事は1905年2月「島根県告示」を通じて竹島（独島）を島根県に編入し，日本が近代国家として竹島を領有すると宣言したのです。

　しかし，大韓帝国はすでに1900年の「勅令第41号」を通じて鬱島郡が管轄する地域を「鬱陵全島と竹島・石島」であると宣言していました。韓国側はこの「石島」が鬱陵地方における竹島（独島）の方言であると主張しますが，日本政府は「石島」が竹島（独島）である根拠がないと反駁しています（「外務省パンフレット」）。しかし，「島根県告示」発布の翌年である1906年，島根県が鬱島郡守の沈興澤に竹島（独島）の編入事実を通告すると，沈興澤は「本郡所属独島」（「鬱陵郡所属の独島」の意）が日本の領土に編入されたことに驚き，中央政府に報告しています。さらに，大韓帝国参政大臣の朴斉純は，日本の行為を非難すると同時に事実関係の調査を指示しました。すでに1905年に「第2次日韓協約」により外交権を奪われていた大韓帝国政府がなんらかの対応をとることはできませんでしたが，沈興澤の報告書と朴斉純の行動が，それ以前から大韓帝国が竹島（独島）を自らの領土として認識していたことを示しています。竹島（独島）問題は日本の植民地化とともにはじ

まったのです。

　日本政府が竹島（独島）の領有を主張する際に用いるもうひとつの根拠として，1952年のサンフランシスコ講和条約で，日本が返還すべき朝鮮の領土として竹島（独島）があげられていないというものがあります（「外務省パンフレット」）。しかし，韓国はこの条約の当事国ではありません。日本や大国が韓国を条約から排除したからです。そのため，竹島（独島）領有に関する韓国の意思も無視されました。

　現在韓国は国際司法裁判所（ICJ）への竹島（独島）問題付託に応じていませんが，これについて韓国政府は「独島は明白な我が領土であり領有権紛争は存在しない」としています。韓国にとっては植民地支配の過程で日本に奪われた竹島（独島）は，当然に自国のものであり，本来紛争は起こりえないはずだからです。

　竹島（独島）の強制編入は朝鮮植民地化の一環であり，韓国人にとっては朝鮮植民地化の象徴です。しかし，日本は植民地支配の責任を自ら進んで認めようとしないうえに，歴史を歪曲しようとまでしています。竹島（独島）の領有権問題について考えていく際にも，そうした事実をふまえることが大切ではないでしょうか。そうすれば，解決への道が見えてくるはずです。

座・談・会

「植民地支配はそれほど悪くなかった」って本当?

　日本では,「韓国人は反日だ」と言われることがあります。また,「植民地支配はそれほど悪くなかった」とか,「朝鮮人のためだった」ということを言う人もいます。これらの認識をどのように考えたらよいのでしょうか。みんなで話してみました（2020年11月24日におこなわれた座談会の記録の一部を加筆・修正したものです）。

「反日」ってなに?

熊野：日本社会でよく「韓国は反日だ」って言われますけど,この「反日」という言葉について話してみますか。まず,韓国側が考えている「反日」と,日本人が考えている「反日」なるものは,意味が違うと思います。韓国側の「反日」というのは,「反帝国主義」「反植民地主義」「反差別」,あるいは「反安倍」だったりするのかもしれないけれども,根本的には日本の朝鮮侵略・植民地支配や,日本が反省していない態度に対して,批判しているわけです。それは,正当なものであって,そういう意味での「反日」はあると思います。たしかに表面的には,「日本人嫌い」とか「いい印象を持ってない」というのもあるかもしれないけれど,それも侵略戦争・植民地支配という歴史的な文脈があったからで,一方的な理由なき日本嫌悪としての「日本人嫌い」

「嫌日」「日本人ヘイト」ではないと思ってます。でも，一部の日本人は，「反日」を一方的な「日本人嫌い」，理由なき日本人嫌悪というふうにとらえちゃっている。そこでは，歴史的な文脈とかも忘れられて，「過去のことなのに」とか「お互い様」とかいう声が出てくる。

それから，「韓国人が反日じゃなくてよかった！」って言う人もいますよね。たとえば，韓国に旅行して「すごく優しくされた！」とか「全然怖くなかった！」とか，K-POP アイドルに対しても「日本語で歌ってくれている！」とか「日本によくライブに来てくれている」とか言うときの文脈で……。でも，それは韓国側の歴史問題に対する正当な批判を見ていないし，「韓国人が日本のことを好きだったらオッケーだけど，嫌いだったらダメ」みたいな感じで，日本人が一方的にジャッジする側で，上から目線の発言だと感じます。そういう意味では，「反日」って加害の歴史を認識していないから出てくる言葉・発想で，露骨な嫌韓ヘイトをしている人だけの問題じゃないと思います。

沖田：わたしが以前びっくりしたのが，YouTube で韓国人ユーチューバーの人が日本語で，「わたしが韓国で受けた教育が『反日』だったことを暴露します」と発信する動画を見たことです。そのなかで，本人は日本が好きで，日本に留学に来ようと思ったときに，家族とか先生から反対されたのが嫌だったみたいなことを言ってました。衝撃的だったのが，その動画についていたコメントが「やっぱり韓国はひどい国だ」とか，「そんな国から日本というすばらしい国に来てくれてありがとう，よかったね」といったものばかりだったことです。強烈な違和感を覚えました。（「反日教育」と言われますが，過去の事実を教えているという意味で）歴史教育をしっかりやっているということなんじゃないかなと思うんです。逆に，日本はなんで，嫌韓意識を持つ人や，「日本はすごくいい国」と言う人が多いのか，興味があ

り␣ます。どうして「反日教育をしている」という暴露動画に対
して，「そのとおりだ」と全部飲み込んで信じてるのかわからな
いし，「韓国がひどい国で日本を一方的に嫌っている」というふ
うに思ってしまうのは，どうしてなんだろうなと。

熊野：自分も前にそういう動画をいくつか見たことがあって，たとえ
ば，「韓国の歴史教科書にどういうことが書いてありますか？」
という質問に対して，（韓国の人が）日本の植民地支配下でおこ
なわれた「皇民化」政策の話が教科書に書いてあると話してい
ました。でも，それは正当な教育だし，「反日教育」なのか？
と思います。動画を出している韓国人側を責めることになりか
ねないから危険だけれど，でもそれを日本人側が受容しちゃい
けないのだと思います。

李：韓国は「反日教育」していると言われたりするんですけれど，
まず韓国の教育としては，自分たちの歴史を学んでいる，つま
り自分たちのアイデンティティを学ぶというプロセスなんで
す。それは日本の帝国主義に反対する教育にはなるかもしれな
いですけれど，「嫌日」，つまり嫌悪ではないわけです。たとえ
ば，ドイツのユダヤ人虐殺や黒人差別，最近のことでは香港の
デモとかを考えてみましょう。ユダヤ人の虐殺について話すこ
とを「反ドイツ」だとか言ってないと思います。日本としては
自分のアイデンティティに関わるから，韓国の教育を「反日」
だと言うんじゃないかなと思っています。

日本の植民地支配認識

熊野：日本での植民地支配の正当化の言説とか，日本人の歴史認識に
ついてなにかありますか。

沖田：「そうするしかなかったんだ」みたいな話をよく聞くように思
います。中学や高校の授業では，「日本は開国を迫られ，経済

的な圧迫のなかで植民地侵略論が出てきて，そっちを選ばざるをえない状況になったんだ」といった説明を聞いた気がします。

牛木：「植民地支配は朝鮮にとってよかったんだ，そのおかげで朝鮮は発展したんだ」とか，「悪いこともしたけどいいこともした」とか。

朝倉：「『韓国併合』は向こうも認めたから，条約にサインしたから『合法』のもとでおこなわれたんだ。だからいいんだ」という見方とか。

熊野：今言われたのもそうだし，「そもそも論」かもしれないけど，日本が朝鮮を植民地支配したこと自体知られているのか疑問です。学校で絶対習うはずなんだけど，「ただ領土が拡大した」みたいな感覚しかなくて，植民地支配したという切実な感覚がないんじゃないかなと感じます。アメリカと戦争したって感覚はたぶんけっこうあると思うんですよ。アメリカと戦争したというより，原爆とか空襲とか，被害を受けたって感覚なのかもしれません。とにかく「戦争はあった」「戦争はよくない」っていう感覚はたぶん強いし，そういう教育は受けている。でも，「戦争はよくなかった」と言われるけれど，「侵略・植民地支配はよくなかった」という声はあまり聞かれない。あと「なぜ日本はアメリカとの戦争に負けたのか」という感じで分析されることが多いけれど，なぜ日本とアメリカは戦争することになったのかとか，そもそも植民地支配の歴史がとらえ返されることはあまりない。自分もそうだったし，植民地支配ということは知っていてもすごい軽いっていうか，中身がないような気がします。

李：「ほかの国も植民地支配していたし，そういう時代だったんじゃないの？」という見方が出てくるのは，日本史だけではなくて世界史的な認識にも問題があると思っています。わたしは韓国で高校まで教育を受けたんですけれど，そのなかの世界史で

73

もスペインとかイギリスとかの植民地拡張については大国中心の歴史叙述になっていて，「そういう時代であった」という形で語られていました。同じような形で，日本人としては日本の侵略の歴史も「そういう時代だった」と考えていると思います。一方で，たとえば日本でもヒトラーやムッソリーニの他国支配を考える際に，「そうするしかなかった」とか，「支配がその国に役に立った」と言うことはなく，まず人権侵害のことを考えると思うんです。しかし，日本の植民地支配による人権侵害はあまり認識されていないと感じています。

熊野：「そうするしかなかったんだ」っていう主張に対しては，はたして本当にそうなのか，そうじゃない選択もあったんじゃないかと思うし，「そういう時代だった」と言うときの「そういう時代」って，だれの時代感覚なんだろうって疑問に思います。結局，マジョリティ側の時代感覚じゃないでしょうか。支配された側からしたらそんなの認めたことは，一度もないはずです。ずっと植民地支配に反対だし，別に「そういう時代」でもなかった。だから，「そういう時代だった」と言っているときは，自分たちもまさにマジョリティ側，支配する側の時代感覚で言っているんだって思います。

牛木：それに関連して，植民地支配は植民地の人たち自身の決定権をすべて奪ってしまい，自分たちの社会を形成するというそのプロセスを奪ってゆがめるところがすごく問題なのに，その事実も教えられていないし目を背けようとしている。きっとほかの国でも支配者の側はそういう傾向にあるとは思うんですけど，日本のなかでは特にひどい気がします。植民地支配という重大な問題に対する認識の欠如は突出しているんじゃないかな。普通にほかの国がやっていたからよかったっていう話でもないはずです。重要なことは，どうこの問題を克服していくかだと思います。現在も，植民地支配という名前ではないかもしれない

けれども，実質的にそれに似たようなことが起こっていると思うんです。植民地支配が重大な罪であることが認識できない限り，そういうことは起こり続けるのではないでしょうか。

植民地支配は犯罪

熊野：「植民地支配が朝鮮にとってよかった」とか，「合法だった」ということがよく言われますけど，こういう見方についてどう思いますか?

牛木：(植民地支配で朝鮮が)「近代化した」とか(日本が)「開発をしてあげた」といった話だとしたら，それは朝鮮のためを思ってやっていたわけではなくて，あくまで日本の経済圏に組み込むためだったわけですよね。実際，軍や企業から土地・食糧・労働力などの収奪を受けたりして，朝鮮の領土自体もすごく荒廃してしまったり，故郷を離れざるをえなくなったりとか，帰れなくなってしまったりとか，そういうふうに社会を踏み荒らしていったのが植民地支配の実態です (56〜59頁参照)。「旅行でよく行く韓国」のイメージだけだと，たしかにそういうことは想像しにくいかもしれないですけれど。

それから，「日本の支配がなかったら現代韓国の発展もなかった」という話も問題があります。それは支配していた日本にとって都合のいい部分だけをとりあげているにすぎないし，日本に支配されるずっと前から必死の思いをして(国家や社会を)つくりあげてきた朝鮮人たちに対してもすごく失礼なことだと思います。

(「韓国併合に関する条約」のもとでの植民地支配が当時は)「合法だった」という主張もありますが，それも，日本のすさまじい軍事的圧力があり，その強制のもとでおこなわれていたものです。それから，仮に「合法」だったとしたらよかったのかと

75

いうと，それはそれで大きい問題です。条約そのものが悪法じゃないですか。「合法」だったとしたら，その悪法を認めてしまって，いいのでしょうか。「合法」だからよいという主張には，日本人の，「決まっているものには従わなきゃいけない」，「決まっているものは変えちゃいけない」という，自分たちが社会を変えていく感覚の薄さも影響しているんじゃないかなって思いました。(植民地支配のもとでは）人権侵害もひどいものでした。日本のゆがんだところや悪い制度，たとえば性差別的な家制度などが，植民地下の朝鮮にまで持ち込まれてしまったことも重大な点です（122〜123頁参照。）。

熊野：植民地支配していたのが悪いというのはわかっているけど，ほかの国もそうだったのに日本だけ責められてる感じがするという人がたまにいます。

牛木：まず「日本だけが責められてるのかな？」って思うんですよね。全然そんなことないと思うんだけど。たとえば，過去にイギリスやフランスの植民地支配下で深刻な人権侵害にあった被害者たちは現在でも声をあげ続けています。もっと身近な例で言ったら，あのBLM（Black Lives Matter）だって，植民地主義への抵抗ですね。北米大陸のマイノリティには黒人や先住民が多く含まれていますが，そうしたマイノリティが受けている人種差別は白人の入植と奴隷制の構造をそのまま引き継いでいますから。

熊野：植民地支配責任が世界的にまだ十分に確立されていないのはたしかにあるけど，植民地支配すること自体が罪なんだっていう認識を持たないとだめなんじゃないかと思います。今の徴用工問題にしても日本軍「慰安婦」問題にしても，もちろんそれぞれにすごく重大な問題だけれども，そもそもの問題として植民地支配すること自体が罪だっていう意識がすごく欠けている。それは日本だけじゃなくて世界的にもそうだと思うんだけど，

日本の状況を見ていると本当にそこがすごく欠けていると感じます。植民地支配そのものが罪だと言う際に，民族自決を否定したことに対する罪なのか，平和を打ち壊した罪なのか，それとも朝鮮が植民地支配されなかったら歩んでいたであろうその時代というか，時間をゆがめてしまった罪なのか。そこは今も考えているんだけれど，とにかく植民地支配すること自体が大問題であるということを，植民地支配した側，日本は認識しなきゃいけないと思います。

第3章
日韓関係から問い直す
わたしたちの社会

日韓がもめている背景は，だいぶ見えてきたのではないでしょうか。この章では，さらに一歩前に進んで，わたしたちが暮らしている日本社会や東アジア社会をとらえ直していきます。本章でとりあげるテーマは，日本社会ではふだん語られないものが多いですが，それらを知ることで日韓関係を深く考えるためのヒントが得られると思います。

なぜ韓国人は「令和投稿」に反応するの？

李相眞

　人気K-POPグループの日本人メンバーが，「令和」がはじまる前日に「平成生まれとして，平成が終わるのはどことなくさみしいけど，平成お疲れさまでした。令和という新しいスタートに向けて，平成最後の今日はスッキリした1日にしましょう」という文章をSNSに投稿しました（『ハンギョレ』2019年5月2日付，http://www.hani.co.kr/arti/society/society_general/892435.html，2020年9月13日取得）。

　この「令和投稿」に対する韓国人の反応は，二分されました。一部の人が「日本人が軍国主義を連想させる元号に言及したことは軽率な行動である」と批判したのに対し，大多数の人は日本人として元号が変わるのは時代の変化を表す表現であって，それに言及するのは問題にならないという意見を出して，社会的論争になったのです。

　日本人にとっては時代区分にすぎない元号について，韓国人はなぜ論争を繰り広げているのでしょうか。これについて考える際には，近代以来の日本の元号が天皇の即位から死までをひとつの時代とする「一世一元」制度であることを念頭におくべきです。つまり，元号はただの時代区分というよりは，天皇による「時の支配」が続いていることを意味しているのです。そして，この天皇による「時の支配」は植民地朝鮮においても適用されました。第2章では朝鮮における日本の植民地支配がどのようなものであったか確認しました。ここでは，日本の朝鮮支配を天皇制という観点から見てみましょう。

「明治」と植民地朝鮮

　日本の近代化は明治天皇が即位した明治元年（1868年）から本格化しました。同時に、ペリー来航以来日本社会で唱えられていた「朝鮮侵攻論」が明治維新の過程で具体化します。明治22年（1889年）に天皇を主権者とする大日本帝国憲法が公布され、日本は明治天皇を最高責任者として、朝鮮侵略を目的とした日清戦争、日露戦争を進め、次々と勝利しました。

　第2章で見たように、明治43年（1910年）8月22日に「韓国併合に関する条約」が調印されました。「併合条約」の第1条は「大韓帝国皇帝陛下は大日本帝国皇帝陛下に韓国の統治権を完全かつ永久に譲与する」となっています。すなわち、明治天皇が、朝鮮半島の「支配者」になったわけです。こうして日本の元号の使用が、朝鮮でも強制されることになりました。そして、朝鮮王朝を継承した大韓帝国は滅亡し、大韓帝国の皇帝と皇族は「李王家」として日本の皇室に属するようになりました。

　また、朝鮮総督府の最高責任者である朝鮮総督は天皇に「直隷」（直接に隷属すること）して、天皇の任命により天皇の代理人として朝鮮を支配しました。

「大正」と植民地朝鮮

　1912年からはじまった大正期には、朝鮮総督府は、「文化政治」へと統治方式を転換（58頁参照）した一方、大正14年（1925年）には日本で制定された治安維持法が天皇の勅令によって朝鮮にも適用されました。朝鮮における治安維持法によって、朝鮮人の独立運動は「国体の変革」として弾圧されました。治安維持法のように、日本で制定された法律が朝鮮で適用される場合には、勅令によって持ち込まれる場合が多くありました。天皇は法体系においても朝鮮統治に深く関与しており、名実ともに朝鮮植民地支配の最高責任者であったと言えるでし

figure 24　植民地期の朝鮮神宮

出典：ソウル歴史博物館ホームページ

ょう。

　また，朝鮮人を「同化」する手段としても，天皇制が利用されました。みなさんのなかでソウルの南山<ruby>ナムサン</ruby>という場所を聞いたことがある人がいるかもしれません。現在，南山にはソウルのランドマークであるソウルタワーがあり，多くの観光客が訪れていますが，大正14年（1925年）にはこの南山に朝鮮神宮が完工されました。朝鮮神宮の祭神は天照大神と明治天皇ですが，明治天皇が祭神になったことは非常に象徴的です。上述したように，明治天皇は朝鮮を植民地化した責任者であり，朝鮮支配の最高責任者でもありました。このような人物を神格化することで，植民地支配の正当化をもくろんだのではないでしょうか。

「昭和」と植民地朝鮮

　昭和6年（1931年）の「満洲事変」がきっかけとなって「十五年戦争」が勃発します。1930年代後半になると，朝鮮総督府は「皇民化」というスローガンを掲げて朝鮮を支配しようとしました。そして，「内地」（日本本国）と朝鮮はひとつであるという「内鮮一体」を掲げてさまざまな政策を展開します。このような政策には，朝鮮人に「皇国臣民」であるという意識を注入し，「皇民化」した朝鮮人を戦争に動員させる

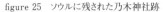
figure 25　ソウルに残された乃木神社跡

撮影：加藤圭木

目的がありました。

　まず，朝鮮人を「皇民化」するために神社参拝が強制されました。この時期に朝鮮神宮では朝鮮人の参拝が相次ぎました。当時，朝鮮人はどのように神社参拝を受けとめたのでしょうか？　証言を見てみましょう。

83

　　その日が来ました。配属将校の頭が校長以下全教員と千余名の全校生を引率してらっぱを吹きながら南山の頂上へ行進していきました。やっと全員が神宮の前で整列していると，「最高敬礼」の号令がかかるんですよ。もし，頭を下げないと，そのときはわたしだけではなく，家族全員が捕まえるところじゃないですか。怖かったです。本当に怖かったです。(「99年前の今日，日帝が『植民支配の象徴』としての南山神宮建設を公表する」『ハンギョレ』2018年7月18日付。http://www.hani.co.kr/arti/culture/religion/853792.html,　2020年9月13日取得)

　この証言からもわかるように，神社参拝は朝鮮人の意思とは関係ない強圧的な政策でした。

　昭和12年(1937年)につくられた「皇国臣民の誓詞（せいし）」を学校をはじめ

とする団体で唱和することが強制されました。「皇国臣民の誓詞」は児童用と成人用に分けられていますが，児童用の内容は「一．私どもは，大日本帝国の臣民であります」「二．私どもは心をあわせて天皇陛下に忠義を尽くします」「三．私どもは忍苦鍛錬して強い国民になります」となっています。日本が強制的に天皇への忠誠を誓わせて，朝鮮人の民族性を抹殺しようとしたことがわかります。

　このほかにも，学校教育のなかで朝鮮語を随意科目（教えなくてもよい科目）としたり，朝鮮人に日本式の「氏」（家の称号）を強制的に創設させる「創氏改名」がおこなわれました。上述したように，「皇民化」の最終的な目的は，朝鮮人を戦争に動員することでした。昭和13年（1938年）に「志願」という形で朝鮮人が戦場に動員され，昭和18年（1943年）には学生を対象とする学徒兵制度が実施されました。さらに，昭和19年（1944年）からは朝鮮で徴兵制が実施され，朝鮮人には「皇軍」という名のもとで自分とは関係のない戦争への協力が強制されました。

　以上のように，日本の朝鮮支配は「韓国併合」以前から天皇制のもとで推し進められたもので，天皇は植民地朝鮮の最高責任者でした。そう考えると，朝鮮人にとって，天皇の即位によって変わる元号は植民地支配を象徴するものです。そして，その元号が今も使われていることは，植民地支配が決して過去のものになっていないことを意識させることになるのです。

　また，敗戦後の日本においても，元号に対する批判があったことを見逃してはなりません。まず，敗戦後，民主化政策にともなって元号制度は法的根拠を失いましたが，その後も，慣習として元号（昭和）は使われ続けました。その後，日本政府は「元号法」の制定を目指しましたが，これに対して，天皇の「時の支配」を象徴する元号は民主主義にふさわしくないとして反対する意見が，当時の野党や歴史学者を中心に出されました。結局，1979年には「元号法」が制定され，元号は制度化されましたが，その後も元号制度に対する批判はなされて

きました。ただ，こうした運動の影響は限定され，日本国民の意識を変えるにはいたらなかったことも指摘しておかなければなりません。

　今の日本社会では，天皇は「日本国の象徴であり日本国民統合の象徴」（日本国憲法第1条）であると考えられています。また，日本社会では，天皇制を平和の象徴として位置づけようとする動向もあります。このようななかで，多くの人は，元号が天皇による「時の支配」を象徴するものであることを忘却しています。そして，天皇制に基づいた強圧的な植民地支配も同時に忘れられているのではないでしょうか。「令和」がなんのためらいもなく使われるのはそのためでしょうが，歴史をふまえて，あらためて天皇制や元号の意味について考えてみる必要があるのではないでしょうか。

K-POPアーティストが着た「原爆Tシャツ」

朝倉希実加

　今や世界中で人気となっているBTSについてインターネットで調べてみると、「反日」グループであるといった記述がいくつかのサイトで見られます。この大きな要因のひとつとして、あるメンバーが、原爆が描かれたTシャツを着ていたことが考えられます。ここではこれがどのような問題だったのかを振り返るとともに、わたしたち日本人はどのように解釈することができるのか考えてみましょう。朝日新聞の記事は次のように報道しています。

　　国際的な人気を誇る韓国の7人組男性音楽グループBTS（防弾少年団）が9日夜に放送予定だったテレビ朝日の音楽番組「ミュージックステーション」への出演を取りやめた。テレ朝によると、BTSのメンバーが以前着ていたTシャツに原爆投下時の画像がプリントされていて、波紋を呼んでいるとの報道があったため、着用の意図を尋ねるなど所属レコード会社と協議を続けてきたが、出演をとりやめることをテレ朝側から求めたという。問題とされているTシャツには、「PATRIOTISM（愛国）」「LIBERATION（解放）」「KOREA（韓国）」などといった言葉とともに、原爆投下後にキノコ雲が上がる写真もプリントされていた（「原爆描いたシャツに『愛国』『解放』　BTS出演見送り」『朝日新聞』2018年11月9日付）。

　騒動を受けて、BTSは日本と韓国の被爆者団体に謝罪したといいますが（韓国の被爆者については後述します）、どのようにこの事件を考えることができるのでしょうか。BTSのメンバーが、原爆のキノコ雲が描かれたTシャツを着た真意を、わたしたちが結論づけることはできません。また、BTSがこのTシャツを「着るべきだったか、着る

べきではなかったか」を議論することが，ここでの目的ではありません。この事件を通して，日本が歴史認識について抱えている課題について考えることが大切です。

　この問題において考えるべきポイントはふたつです。ひとつは韓国をはじめとした日本の侵略を受けた諸国と日本の間における原爆認識に大きな違いがあるということです。もうひとつは，もともと日本において「嫌韓」などの排外主義が高揚している状況下で，BTSのTシャツが利用されたということです。

　それでは，ひとつ目の原爆認識について見ていきましょう。1945年8月6日，9日に広島，長崎に原爆が投下され，ソ連の参戦などを受けて大日本帝国は無条件降伏を受け入れて敗戦国となりました。日本人にとって原爆とは特別な意味を持つものであり，原爆と敗戦，そしてその後の平和，反核といった理念が結びつけられて，認識されるようになったと言えるでしょう。

　では，韓国をはじめとした日本の侵略を受けたアジア諸国の側から見たときには，どうなのでしょうか。このことを考える前提としては，日本による侵略戦争・植民地支配を考える必要があります。日本は朝鮮を植民地化し，その後，日中戦争を勃発させ，アメリカをはじめとする連合国との戦争にまで拡大させました。つまり，日本こそが侵略戦争をはじめた行為者なのであり，原爆の投下はその帰結だったと言えます。日本は原爆の被害者である前に，加害者であったということです。

　日本により侵略された韓国をはじめとするアジア諸国において，大日本帝国からの解放の「記憶」は，その直前にあった原爆の投下の「記憶」と不可分になっています。韓国においては，日本の植民地支配の解放を記念して8月15日を光復節（52頁参照）と定めており，その植民地支配からの解放と原爆を切り離して考えることは不可能だと言えます。

　広島の原爆詩人である栗原貞子氏は，「ヒロシマというとき」という作品で，次のように書いています。「〈ヒロシマ〉というとき　〈ああ

figure 26　広島平和記念公園内の韓国人原爆犠牲者慰霊碑

撮影：加藤圭木

ヒロシマ〉とやさしくこたえてくれるだろうか　〈ヒロシマ〉といえば
〈パール・ハーバー〉　〈ヒロシマ〉といえば〈南京虐殺〉」。日本が原爆
の被害を訴えても，日本の侵略戦争での加害を問う声が返ってくると
いうのです。そして，栗原氏は詩の最後を次のように締めくくってい
ます。「〈ヒロシマ〉といえば　〈ああ　ヒロシマ〉とやさしいこたえが
かえって来るためには　わたしたちは　わたしたちの汚れた手を　き
よめねばならない」（『ヒロシマというとき』三一書房，1976年）。

　そもそも問題とされたTシャツは，原爆そのものをテーマとしたも
のではなく，光復節をテーマとして描かれたものでした。そのなかで
解放の記憶と不可分である原爆が描かれたのです。こうしたTシャツ
が制作された背景として，日本とは異なる韓国での歴史認識のあり方
を知っておくことが重要ではないでしょうか。

　原爆認識に関して，もうひとつ考えるべき問題があります。日本で
はよく「唯一の被爆国」という言い方をしますが，原爆の被害を受け
たのは，日本人だけではありませんでした。植民地支配によって生活

を破壊され，生計を立てるためにやむをえず日本に移住してきた朝鮮人や，徴用などにより強制的に連行されてきた朝鮮人たちも，原爆により被害を受けました。植民地支配がなければ，被爆することはなかった朝鮮人たちがいたのです。

　以上のように，原爆の問題は，日本の侵略を受けた諸国の人びとから見た場合に，それ以前の日本の侵略戦争・植民地支配とは切り離して考えることができない問題だと言えるでしょう。

　次に，この事件を読み解くうえでふたつ目のポイントを見ていきます。「原爆Tシャツ」へのバッシングの背景には，もともと日本に蔓延する「嫌韓」感情がありました。この問題は，韓国の大法院（最高裁判所）が元徴用工に対する新日鉄住金の慰謝料の支払いを認めた判決を受けて，日本で韓国へのバッシングやヘイトが高揚するなかで起きました。

　そもそもBTSのメンバーがTシャツを着ていたのは，この騒動の１年以上前のオフ時だったのですが，それが韓国バッシングのなかで大きく報道されるにいたったのです。乗松聡子氏（のりまつさとこ）によれば，こうした動きで，中心的な役割を果たしたのは，在日朝鮮人（101頁参照）に対するヘイト活動をおこなってきた排外主義団体だったとのことです。そして，この団体は，平和記念式典が開かれる８月６日に広島に集まって，大音響で核武装を訴えているといいます。また，原爆の問題が描かれたマンガ『はだしのゲン』を，公共図書館で閉架（へいか）扱いにさせる運動を展開したのも，この団体だったそうです（乗松聡子「BTS（防弾少年団）騒動　官民挙げての嫌韓ヘイト」『琉球新報』2018年11月19日付）。つまり，原爆被害者と敵対するような運動をしてきた団体が，BTSをたたくために原爆被害を利用したと言えるでしょう。また，バッシングは一部団体だけではなく，社会全体に広がりました。その背景に，「韓国がまたなにかしている」とか，「韓国人はいつまでも植民地支配について引きずっている」といった，「嫌韓」感情がなかったのかを考える必要があるのではないでしょうか。

韓国のアイドルはなぜ
兵役に行かなければならないの？

牛木未来・李相眞

兵役ってどんなもの？

　韓国映画やドラマでは，男子学生が兵役に行く様子がたびたび登場します。最近では人気アーティストBTSの兵役免除が話題になりました。日本人が徴兵制度について実感を持って考えることは簡単ではありません。まずは韓国の徴兵制度がどのようなものなのか，筆者のひとりの李相眞の実体験を紹介したいと思います。

　韓国の男性は満19歳になる年に，現役で服務できるかを審査する兵役判定検査を受けなければなりません。兵役判定検査を受けて適正となった翌年以降に入隊することになりますが，多くの人が21歳や22歳頃に入隊しています。入隊すると，まずは訓練所で基礎軍事訓練を受けます。訓練所は社会と断絶した場所で，銃を撃つなど軍人になるための基礎をたたきこまれます。訓練所ではシャワーの時間までを含めてすべてが統制されています。携帯電話も使えなかったため，両親と友達からの手紙をもらって喜んだ記憶があります。

　基礎軍事訓練を修了すると各部隊に配属され、本格的な階級生活がはじまります。なにをしていても将校たちに会うと敬礼しなければなりませんし，兵士どうしでも階級があって階級別の役割が暗黙裏に定められています。軍隊での1日は次のようなものです。毎朝6時半に起きて点呼をおこないます。点呼は人数把握が主な目的で，「服務信条」を朗読したりします。そして朝食を食べて日課をはじめます。日課は特技によって違いますが，わたしの場合は日本語の翻訳をおこな

いました。日課が終わってからは夕食を食べて個人整備時間（自由時間）に入ります。運動する兵士もいるし，生活館でテレビを見る兵士もいます。21時からは生活館の掃除と夜点呼をおこない，22時に就寝します。

　このような兵役制度は個人そして社会にどのような影響を及ぼしているのでしょうか。軍隊へ行くと2年ほど社会との断絶が生じます。兵役義務を果たす兵士の多くは大学生です。かれらが兵役義務を終えてから復学すると，兵役のない同期たちは2年上の学年になっています。つまり，大半の韓国男性は社会人になるのが日本と比べて2年ほど遅くなるのです。

　また，2年ほど階級社会のなかで生活した韓国の男性たちは命令と服従に慣らされています。兵役を経験した男性は社会に出ても自分より「上の人」には服従し，「下の人」には命令することを当然視する傾向があります。韓国社会の垂直的な秩序は，兵役制度によって形成されると言っても過言ではありません。これは韓国社会の家父長制とも密接に関係していると思います。最近このような韓国社会の垂直的秩序は以前に比べれば緩和した部分もありますが，これは軍隊における人権意識がある程度改善されつつある状況と相まってのことでしょう。

徴兵制度はなぜできたの？

　韓国社会や個人の人生に少なくない影響を及ぼす兵役ですが，そもそも韓国の徴兵制はなぜあるのでしょうか。朝鮮半島ではじめて徴兵制が敷かれたのは1944年，日本によってでした。解放後朝鮮での徴兵制は一時期廃止されましたが，朝鮮戦争の際には朝鮮半島全体で多くの青年が犠牲となりました。その後韓国では1951年に徴兵制が公式に復活し，現在の徴兵制度の基礎となっています。

なぜ今でも徴兵制度が残っているの？

　徴兵制度が存続している最大の要因は，朝鮮戦争（1950～53年）が勃発してから70年以上たった現在でも終結しておらず「休戦状態」だということです。朝鮮半島のふたつの国家は長い間「いつでも戦争を再開できる」状態にありました。冷戦が終結しても，南北朝鮮が互いへの不信感をぬぐうことは簡単ではありません。侵略と戦争の経験は韓国に国防の必要性を実感させ，朝鮮民主主義人民共和国にとっても，日本の侵略と朝鮮戦争時のアメリカによる激しい空爆は恐ろしい記憶として残っています。

なぜ南北はそこまで対立するの？

　南北朝鮮の対立は朝鮮人が進んで引き起こしたものではなく，起源は日本の植民地支配にあります。日本は朝鮮人を分断してその一部を支配に利用し，この過程で日本に協力する「親日派」と呼ばれる人びとが現れました。激しい弾圧のなかで協力が強制されたので，どこまでを「親日派」と考えるかについては現在でも議論がありますが，日本の分断統治による朝鮮民族内での葛藤は解放後も継続しました。

　一方，多くの朝鮮人がさまざまな方法で朝鮮独立を目指しました。社会主義者も抗日運動を活発におこなった勢力のひとつです。日本社会で「社会主義」と言うと全体主義的なイメージが先行しますが，当時の朝鮮において社会主義は解放の理論として積極的に受容されたのでした。朝鮮人社会主義者たちは徹底的に日本に抵抗をしましたが，社会主義者たちの粘り強い実践に多くの民衆が共鳴し，運動は拡大していったのです。左派と呼ばれる社会主義勢力と，右派と呼ばれる民族主義勢力は幅広い層の朝鮮人を組み込もうと連携し，1927年には「新幹会」が結成されました。以後，朝鮮人の抗日運動は広く労働者や農民と運動家の連携のもとに繰り広げられました。

　このように民衆を中心とした幅広い層が独立運動をしていたこと

が，解放後にも意味を持ちます。日本敗戦後の朝鮮では呂運亨，安在鴻，許憲など左派と右派の独立運動家が中心となって結成された「朝鮮建国準備委員会」が，1945年9月6日に朝鮮人民共和国の建国を宣言し，朝鮮人による自主的な国家建設を目指しました。一方，これに先だって，北緯38度線以北にソ連，以南にアメリカ軍が進駐する方針が決められていました。アメリカは進駐前から日本に連絡をとって朝鮮に関する情報収集をおこないました。朝鮮人への深い偏見を持っていた日本側からの情報は，呂運亨らの活動を共産主義者によって煽動されたものと決めつけるものでした。朝鮮人による自主的な国家のもとで，既得権益を失うことを恐れた「親日派」朝鮮人も，同様の情報をアメリカに流していました。共産勢力の拡大を恐れていたアメリカは9月8日に南朝鮮に上陸し，朝鮮人民共和国を否認します。一方，8月末までにソ連は北朝鮮を占領しました。ソ連軍民政部と協力して，朝鮮人による人民委員会が，小作料引き下げなどの改革をおこないました。1948年には南朝鮮で，自主的な国家建設を望んでいた朝鮮民衆の激しい反発を弾圧して単独選挙が実施され，大韓民国が建国されました。これを受けて北朝鮮では朝鮮民主主義人民共和国（以下，共和国と略します）が建国され，ソ連軍は撤兵しました。

　その後の朝鮮半島のふたつの国家は一触即発の状態にあり，南北朝

93

figure 27　分断の象徴である坡州市にある臨津閣

撮影：牛木未来

鮮の挑発行為が重なった結果，朝鮮戦争が勃発します。朝鮮戦争はしばしば冷戦構造の体現として語られますが，南北朝鮮の国家が互いの正当性を争う内戦としての性格も持っています。朝鮮戦争の犠牲者は南北合わせ500万人，離散家族は1000万人とも言われています。日本はこの悲劇の裏で軍用物資の輸出による経済復興，いわゆる「朝鮮特需」を経験しました。また朝鮮戦争をきっかけに日本は再軍備にいたり，アメリカに協力した事実も明らかになっています。

　同じ民族どうしが戦うことを余儀なくされた朝鮮戦争は，南北朝鮮の国民どうしに激しい不信感を植えつけ，特に冷戦期，南北対話の試みを円滑に進めることは困難でした。韓国軍部はそうした共和国に対する不信感を利用して自らの支配を正当化し，独裁政権を維持します。さらに民主化を訴える勢力は政権により「共産主義者」とみなされ多くの人が犠牲となりました。韓国軍には植民地時代の日本軍出身者が多く含まれており，軍のシステムや武器庫，拷問施設・方法にいたるまで，旧日本軍の方式が継承されたのです。対外的にも韓国は冷戦のなかで「反共主義同盟」に組み込まれ，日本とともにアメリカの軍事的拠点となりました。こうした状況のなかでは徴兵制の廃止は困難でした。

　しかし，韓国市民は粘り強く民主化運動を続け，ついに1987年には軍事独裁政権の打倒という大きな成果をあげました。以後，軍事独裁政権期の人権侵害に対する真相究明とともに，南北和解の試みが活発化しています。

日本には関係ないのか

　最近日本でもドラマ「愛の不時着」が人気を博しましたが，同じ歴史や言葉を持ちながら分断され自由に往来することもかなわない朝鮮の人びとを「かわいそうだ」と思うことがあるでしょう。兵役に行かなければならない韓国人アイドルに対して，「行かないでほしい」と悲しむこともあるかもしれません。しかし日本人は，朝鮮半島分断や兵

役を「悲劇」「自分を悲しませるもの」として，日本の行為と切り離して考えてはいないでしょうか。

　まず，再認識しなければならないことは，朝鮮半島の南北分断を生み出した原因が日本の海外侵略と植民地支配にある，ということです。そして現在，日本は世界有数の軍事力を有し，在日米軍の存在も共和国にとって大きな脅威です。日本を含む周辺国の軍拡競争や，日韓に横たわる領土問題が韓国に軍拡を促している面もあります。日本には核問題や拉致問題をとりあげ共和国をテロ国家扱いする風潮がありますが，核開発には，冷戦終結後も国際社会が共和国を孤立させ軍事的脅威にさらしてきたという背景があります。このように朝鮮半島における軍事的緊張の背景に日本は深く関わっているのです。

　共和国の核開発や韓国芸能人の兵役，これらを目にする際，あなたはどんなことを考えますか。わたしたちは，歴史とは「終わった」単なる過去のことではないと考えていますが，あなたはどうでしょうか。

95

韓国映画の魅力

熊野功英

昔の韓国って今と違ったの?

現在ではあまり意識されることはないかもしれませんが、つい30年ほど前まで韓国は軍事独裁の国でした。しかし、市民の粘り強い運動によって独裁政権が倒れ、民主化が実現したのです。ここでは韓国の民主化運動を扱った映画に触れながら、韓国の現代史を見ていきたいと思います。

民主主義の国なの?

日本の支配から解放後の米ソによる南北分割占領のあと、1948年に大韓民国と朝鮮民主主義人民共和国が建国され、朝鮮戦争(1950〜1953年)が勃発したことを確認しました。その後、韓国では初代大統領李承晩(イスンマン)による独裁体制がしばらく続きましたが、学生を先頭としたデモによって1960年に李承晩は退陣に追い込まれました(4.19革命)。しかし、翌1961年には軍人の朴正熙(パクチョンヒ)(朴槿恵(パククネ)の父)がクーデターにより政権を奪い、韓国はより強権的な軍事独裁体制となりました。特に朴正熙大統領は植民地期には日本の軍官学校を卒業していたこともあり、日本の朝鮮植民地政策の性格を引き継いだ強権的な政治をおこないました。そんな朴正熙大統領は1979年に側近に暗殺されるのですが、直後に軍人の全斗煥(チョンドゥファン)がクーデターを起こし、国政を実質的に支配するようになりました。

こうした全斗煥のクーデターに反対するデモは各地に広がり、1980年5月、光州(クァンジュ)ではのちに「光州5.18民主化運動」と呼ばれる大規模な民主化運動が起こりました。この10日間にわたった民主化運動の過程

figure 28　『タクシー運転手』

提供：TC エンタテインメント（DVD4180円，発売元クロックワークス，販売元 TC エンタテインメント，©2017 SHOWBOX AND THE LAMP, ALL RIGHTS RESERVED）

では，戒厳軍という精鋭部隊が多くの学生や市民を殺傷用こん棒で殴打し，ついには無差別射撃までおこないました。こうした光州での虐殺の惨状が世界に知れ渡るうえで重要な役割を果たした，とあるタクシー運転手とドイツ人記者のエピソードをもとにした映画が『タクシー運転手　約束は海を越えて』（2017，チャン・フン監督）です。また，この光州5.18民主化運動の流れを，運動を担った市民の視点から描いた映画には『光州5.18』（2007年，キム・ジフン監督）があります。

　この光州5.18民主化運動はその後の民主化運動に大きな影響を与え，1980年代にはさらに学生運動がさかんになりました。しかし，こうした動きを抑えようと全斗煥政権はでっち上げの事件によって，学生らを投獄し，拷問しました。でっち上げ事件のひとつである「釜林事件」を題材に，学生の冤罪を晴らすために奔走する弁護士を描いた映画が『弁護人』（2013年，ヤン・ウソク監督）です。この弁護士のモデルとなった人物はのちに大統領となる盧武鉉でした。

　1987年6月，全国で100万人以上の学生・市民らによる民主化運動（6月民主抗争）が爆発します。この運動の引き金はその年の1月にソウル大生・朴鍾哲が警察の水拷問により死亡するという事件でした。この事件の真相究明を求めるデモが盛り上がり，大統領を直接選ぶこ

figure 29　ソウル市庁前での1987年民主化運動

出典：http://photoarchives.seoul.go.kr/photo/view/52283?ca_id=96&page=161

98

とのできない憲法を撤廃し，独裁を打倒するための民主化運動に発展
したのです。この運動の過程で，延世大生・李韓烈が催涙弾を受ける
事態（のちに死亡）も起きたことで学生や市民の一体感が増し，6月29
日ついに全斗煥政権から大統領直接選挙制などの「民主化宣言」を引
き出しました。こうした6月民主抗争にいたるまでの一連の動きをテー
マにした映画が『1987，ある闘いの真実』（2017年，チャン・ジュナン
監督）です。ここでは民主化運動に関わったさまざまな市民の抵抗の
連鎖が描かれています。

　この頃に民主化運動にたずさわった世代は現在，50代くらいで（現
在50代で，80年代に民主化運動に励んだ60年代生まれなので「586世代」と
言われます）となっているのですが，民主主義はその子どもたち，つ
まり今の韓国の若い世代にも引き継がれています。たとえば，2016年
から2017年にかけて100万人もの市民が「朴槿恵退陣」を要求した「ろ
うそくデモ」があります。このデモには，修学旅行中だった多くの高
校生が亡くなったセウォル号事件に対する朴槿恵政権の対応などの不

信も相まって,「自分も犠牲者になっていたとしてもおかしくなかった」と思った多くの若者が参加したと言われています。

　今まで見てきたように,韓国の現代史は軍事独裁政権のもと,多くの市民が人権を蹂躙されてきた歴史でした。こうした歴史があるからこそ,韓国の市民は民主主義によって真に人権が尊重される社会を主体的につくりあげようとしているのです。

韓国映画を観て

　韓国映画は過去の国家による暴力を問いただし,歴史を記憶していこうとする作品というだけでなく,エンターテインメント性もあり魅力的です。しかし,南北分断は日本の朝鮮植民地支配を土台としており,韓国の軍事独裁も「親日派」の人脈を色濃く持つものでした。つまり日本は韓国の現代史において人権を蹂躙した独裁政権と共犯的な責任を持っていると言えるのです。韓国の民主化運動を描いた映画はたしかに感動的ですが,それをただ消費するだけになっていないかを考えてほしいと思います。わたしたち日本人には韓国の現代史を他人事としない意識が求められているのです。

日本人だと思っていたのに韓国人だったの?

熊野功英

「韓国人らしき人」?

　みなさんが今まで生きてきたなかで,「日本人だと思っていた芸能人やスポーツ選手が実は韓国人だった」といった経験はありますか? もしくは,「名前は日本人だけど, 親が韓国人らしき友達がいた」という人もいるかもしれません。おそらく, 今まで生きてきたなかで知ったり, 出会ったりした人をよくよく思い出してみると, ひとりやふたりくらいは, そのような人がいるのではないでしょうか? それでも,「いや, そんな人はいなかった」という人もいるでしょう。

　実は, ぼくも大学生になるまでは, 身の回りにいた「韓国人らしき人」の存在に気がついていませんでした。そうした人が存在したことに気がつくきっかけとなったのが, ある先生との出会いです。大学生になって朝鮮語の授業を履修することになったのですが, その先生がどうも「韓国人っぽい」苗字だったのです。ですが, 直接会って話してみると日本語はペラペラで「あの先生は韓国人と日本人のダブルなのかな?」と思っていました。そのあとわかったことですが, 先生は在日朝鮮人と言われる人でした。その先生に出会い, 在日朝鮮人について知ったことで, 身の回りにいた「韓国人らしき人」が実は在日朝鮮人だったのかもしれないと思うようになったのです。

　このように日本社会では在日朝鮮人の存在があまり意識されていないと言えるでしょう。では, そんな在日朝鮮人とはどのような人びとなのでしょうか?

在日朝鮮人って？　なんで日本に住んでるの？

　まず，在日朝鮮人とは，日本が朝鮮半島を植民地支配した結果，さまざまな事情で日本に居住せざるをえなくなった朝鮮人とその子孫のことです。日本には敗戦時，約200万人の在日朝鮮人がいたとされているのですが，2020年6月調査の在留外国人統計によると国籍欄に「韓国」「朝鮮」と表示されている人たちの人口は約46万人となっています。もちろん，このなかにはいわゆるニューカマーの韓国人も含まれていますし，逆に日本国籍を取得した在日朝鮮人は含まれていないので，正確な在日朝鮮人の人口は不明です。

　では，なぜそうした在日朝鮮人は日本に住むことになったのでしょうか？　その理由を知るためには日本の朝鮮植民地支配の歴史を見る必要があります。

　実は1910年の「韓国併合」以前から，労働者や留学生として渡日する朝鮮人はいました。しかし，その数が本格的に増えるのは「韓国併合」後のことです。その背景にあったのが日本の植民地朝鮮に対する収奪政策です（46頁参照）。収奪により朝鮮の農民は生活が苦しくなり，生きていくために職を求めて日本へ渡っていきました。この時期は日

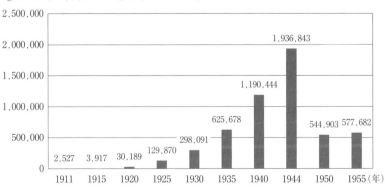

figure 30　在日朝鮮人の人口推移（1911〜1955年）

出典：森田芳夫『数字が語る在日韓国・朝鮮人の歴史』明石書店，1996年

本の企業も低賃金労働者を求めていたという背景も相まって，1920年代を通して在日朝鮮人の人口は約3万人から約30万人まで急増することになります。1930年代には中国，40年代にはアメリカとの戦争がはじまり，日本人男性が兵士として戦地へ送られるようになったために，日本では労働力が不足するようになりました。そのため，日本は朝鮮人を集め，1939年以降は徴用工として強制的に動員するようになりました（44〜45頁参照）。こうした強制連行により，在日朝鮮人の数は前述のとおり敗戦時には約200万人にまでふくれ上がることになったのです。

　しかし，渡日してきた在日朝鮮人のなかには，日本の敗戦時には朝鮮にもはや生活の基盤を持っていない人も多く，その後の朝鮮半島情勢への不安や南北分断の進行，帰国する際の持ち込み金の制限といったさまざまな事情により，最終的に60万人ほどの在日朝鮮人が日本に定住せざるをえなくなったのです。

　在日朝鮮人は日本に渡ってきてからも日本人による差別に遭いました。ここでは戦前の在日朝鮮人に対する差別を紹介します。

figure 31　東京・墨田区の横網町公園にある関東大震災朝鮮人犠牲者慰霊碑

撮影：牛木未来

　たとえば，1923年に起こった関東大震災の際には，数千人の在日朝鮮人が日本の軍・警察・民衆によって虐殺されるという事件が起こりました。震災発生後，「朝鮮人が放火をした」「井戸に毒を入れた」といったデマにより各地で虐殺がはじまり，治安当局がそのデマを追認・支持・拡散したことで民衆がデマを確信し，さらに朝鮮人への虐殺が拡大したのです。

　また，渡日した朝鮮人は労働者として日本の炭鉱や工場などで働いていたのですが，そこでは日本人よりはるかに安い賃金で働かされ，労働環境や待遇も過酷で，日本人による差別や暴力などが横行していました。

　このように在日朝鮮人とは，日本の朝鮮植民地支配や朝鮮人差別の歴史が生み出した存在なのです。

在日朝鮮人の呼び方っていろいろあるよね？

　本書では，ここまで特に説明することなく在日朝鮮人という呼称を用いてきました。しかし，この呼称の代わりに，「在日韓国人」や「在日韓国・朝鮮人」，「在日コリアン」などの呼称が用いられることもあります。みなさんも聞いたことがあるのではないでしょうか？

　ではなぜ本書が在日朝鮮人という呼称を使うのか。それは，朝鮮半島に出自を持つ人びとはひとつの民族であり，その民族全体を示す用語としては歴史的に「朝鮮」が使われてきたからです（「朝鮮」は，「朝鮮民主主義人民共和国」のみを指すと誤解している人もいますが，そうではなく「大韓民国」「朝鮮民主主義人民共和国」を合わせた総称です）。現在，朝鮮半島は分断されていますが，それを前提としないための呼称が「朝鮮」なのです。

　それでは，ほかの呼び方はどうでしょうか。まず，「在日韓国人」は「日本に住む韓国国籍を持つ人」という意味になるのですが，この呼び方は朝鮮半島が南北に分断されていることを前提として韓国だけを指す名称ですし，韓国国籍を持たない在日朝鮮人もいるので在日朝鮮

103

人全体を呼ぶには実態を反映していません。また,「在日韓国・朝鮮人」についても,「韓国」「朝鮮」というふたつの民族が存在するわけではありませんし,在日朝鮮人を分断しかねない呼び方であるという声もあります。「在日コリアン」はたしかに民族全体を示すことができるように思えますが,「朝鮮」という呼称を避けるために英語表現を使っているという点で,適切と言えるかどうかは議論が必要です。ちなみに,略称として「在日」という呼称が使われる場合もありますが,これも在日朝鮮人の歴史的由来を表す「朝鮮」が不可視化されてしまうため,少なくとも非当事者がこの名称を使うことには慎重であるべきだと思います(当事者自身が用いる呼称を否定するものではないことを断っておきます)。

在日朝鮮人の国籍はどうなってるの?

このように在日朝鮮人の呼称が複雑な意味合いを持たざるをえないのは,南北分断に加え,解放後／戦後の在日朝鮮人の国籍問題もからんでいます。

まず,日本が朝鮮半島を植民地支配していた間,朝鮮人は日本人と同じ「帝国臣民」とされながら朝鮮人のみを対象とする戸籍制度(朝鮮戸籍令)によって差別されていました。そして,日本の敗戦後,本来であれば解放された民族として処遇されるべきでしたが,在日朝鮮人は日本が講和条約を結ぶまでは日本国籍を持つ「日本人」だとされました。しかし,1947年の外国人登録令で日本政府は,植民地期の戸籍を根拠に在日朝鮮人をこの勅令の適用対象とし,「当分の間,これを外国人とみなす」(第11条)としました。そのため,在日朝鮮人は「日本人」であるとして日本政府の統治権の範囲におかれるとともに,外国人登録令のもとに登録申請をしなかった場合,刑罰を与え強制送還を可能とする体制に組み込まれていきました。こうした矛盾に満ちた政策により,解放後／戦後も日本政府による在日朝鮮人の支配が継続されたのです。

　またこの際，外国人登録のうえでは，在日朝鮮人の国籍欄には便宜的に朝鮮半島出身者を表す記号として「朝鮮」と記載されることになりました（これは「朝鮮籍」と呼ばれます）。国籍欄には「朝鮮」と記した一方で，繰り返しになりますが，在日朝鮮人は日本国籍であるという立場を日本政府はとり続けたのです。

　1948年の大韓民国と朝鮮民主主義人民共和国の成立後，1950年には外国人登録の国籍欄に「朝鮮」以外に，「韓国」や「大韓民国」と記載することも可能となりましたが，これらは単なる表示上の問題とされ，あくまでも在日朝鮮人の国籍はいまだ日本にあるとされ続けました。

　1952年になると，サンフランシスコ講和条約が発効し，条約本文には書かれていないにもかかわらず，在日朝鮮人の日本国籍は一方的に「喪失」するとされました。そもそも，在日朝鮮人の国籍問題については，以前から日韓の間で議論され，講和条約発効後に在日朝鮮人の国籍は一律に韓国国籍となることが想定されていました。

　しかし，在日朝鮮人の多くが，アメリカの強い影響力のもとにつくられた韓国政府を支持していなかったり，南北に分断されたふたつの政府どちらかを選択することも難しかったりしたために，「国籍選択の自由」を訴える声も多くありました。さらに日韓の会談は請求権の問題で難航しており，在日朝鮮人の国籍問題について合意にいたる議論はできないままでした。そのため，講和条約発効後の在日朝鮮人の国籍は定まらないままになってしまったのです。そこで日本政府は，国連が韓国を承認していること，朝鮮戦争（91〜92頁参照）において日本が韓国やアメリカと協力関係にあることを根拠に，この問題については韓国を支持する立場であるとしました。そして韓国の国内法に準じて在日朝鮮人＝韓国国籍という解釈を採用しました。

　一方で，日本政府が在日朝鮮人の「国籍選択の自由」を認めていないという批判があったため，記号としての「朝鮮籍」（国籍欄における「朝鮮」の記載）は残すことになりました。ただ，ここでも「朝鮮籍」は，日本政府の立場では朝鮮民主主義人民共和国の国籍ではないとさ

105

figure 32　大阪のコリアタウン

撮影：加藤圭木

れました。そして，韓国国籍を拒否する「朝鮮籍」者は，朝鮮戦争の
対立関係から，日本や韓国に敵対するものだという認識がつくられて
いきました。なお，その後も，現在にいたるまで日本と朝鮮民主主義
人民共和国との間には国交がないため，日本政府の立場では「朝鮮籍」
は記号にすぎず，国籍として認められていません。

　1965年の日韓基本条約以降は，韓国国籍を取得する在日朝鮮人も増
えていきました。しかし，それは日本政府が「朝鮮籍」者の国籍を否
認しつつ，韓国国籍者は優遇するという措置をとっていたうえ，「朝
鮮籍」者のさまざまな権利が侵害されていたためでした。それでも
「朝鮮籍」を維持している人もおり，その人たちのなかには分断を前
提としない統一朝鮮を望んでいたり，朝鮮民主主義人民共和国を支持
していたりとさまざまな思いを抱えている人がいるとされています。

　しかし，そもそも在日朝鮮人の国籍は，国際法上の一般原則によれ
ば，大韓民国または朝鮮民主主義人民共和国の国内法と在日朝鮮人本
人の意志によって決定されます。つまり，日本政府に在日朝鮮人の国

籍を決定する権限ははじめからないのです。自らの国籍を主体的に選択・保持する自由は在日朝鮮人固有の権利であるということが，日本社会で共有されていないと言えるでしょう。

　このように，在日朝鮮人の呼称や国籍ひとつとっても，在日朝鮮人をめぐる複雑な歴史が影響しているのです。

戦後日本は平和国家？

熊野功英

戦前の日本は悪かったけれど，戦後の日本は平和国家で民主主義の国になったというイメージを持っている人は多いと思います。では，在日朝鮮人にとって，戦後日本はどのような社会だと言えるのでしょうか？

　まず，戦後日本は戦前から継続して在日朝鮮人を人権保障から排除しました。たとえば，日本政府は日本国憲法において基本的人権などのさまざまな権利を日本国籍保持者だけに制限しています。そのため，戦後日本国籍を「喪失」した在日朝鮮人には教育を受ける権利がありません。公務員になる権利も制限されています。公営住宅への入居，国民健康保険や国民年金への加入などは在日朝鮮人の熱心な運動の結果可能になりましたが，しばらく認められていませんでした。

　ちなみに，参政権については戦前，日本に住む植民地出身者（男性）には認められていましたが，戦後に在日朝鮮人の参政権は停止され，現在も認められていません。その背景には在日朝鮮人に参政権が認められれば天皇制の廃止を主張しかねないという政府関係者の考えがありました。民主主義をうたった戦後の日本で，社会の一員である在日朝鮮人の参政権は認められずに天皇制護持が優先されたのです。

　在日朝鮮人は戦後も，職業・就職差別や外国人登録の際の指紋押捺制度，そのほか多くの日本人による偏見・差別などを経験してきました。職業・就職差別については，1970年頃から在日朝鮮人による反対運動がさかんになりました。たとえば，日立製作所に内定した在日朝鮮人の採用が外国人という理由で取り消しにされた「日立就職差別事件」では，4年にわたる裁判の末，1974年に在日朝鮮人側の勝訴が言い渡されました。こうした差別反対の運動により，いまだ制限はあるものの在日朝鮮人の職業・就職差別は改善されていきました。また，

強制的に指紋をとり，管理する指紋押捺制度に対しては，犯罪者扱いであるという批判が1980年代に高まり，1993年に廃止されました。

　一方，在日朝鮮人が運営する民族学校である朝鮮学校は，日本政府・日本社会によって今も弾圧・差別を受け続けています。

　朝鮮学校はもともと，日本の敗戦直後，朝鮮人が本国に帰国する準備として朝鮮語教育をおこなう国語講習所としてはじまりました。その後，本国への帰国が難しくなるなかで，日本で生まれ育つ次世代の在日朝鮮人に，植民地支配によって奪われた言葉や文化，歴史などを教える朝鮮学校へと発展していきました。しかし，冷戦下の東西対立や朝鮮の南北分断の影響も相まって，日本政府と GHQ は在日朝鮮人を危険視し，朝鮮学校を強制閉鎖するなどの弾圧を加えはじめました。こうした弾圧に反対して，阪神地区では1948年に阪神教育闘争が繰り広げられました。この運動の過程では，当時16歳の金太一少年が警官隊の発砲により亡くなる事件まで起こりました。

　1960〜70年代には国士館高校・大学の学生らを中心とした極右組織による差別扇動の影響を受けて「朝高生襲撃事件」という朝鮮学校の主に男子高校生に対する集団暴行・リンチ事件が多発しました。なかには殺人にいたるケースもありました。また，1990年代には「チマ・チョゴリ切り裂き事件」などの朝鮮学校に通う女子生徒らに対する攻撃も活発化しました。その後も，朝鮮学校は「在特会（在日特権を許さない市民の会）」などの差別団体によるヘイトスピーチにさらされています。国会議員や政府，マスコミによる「北朝鮮バッシング」も朝鮮学校や在日朝鮮人への暴力を助長してきました。

　朝鮮学校は運動によって地方自治体から補助金給付などを勝ちとってきましたが，近年は補助金の打ち切りや「高校無償化」「幼保無償化」制度からの除外などの差別も受けています。コロナ禍では，さいたま市で朝鮮学校の幼稚園へのマスク配布が対象外になったり（その後配布に），困窮する学生への給付金制度から朝鮮大学校が除外されたりもしました。朝鮮学校に対する支援が十分ではないため，教育費の負担に苦しむ在日朝鮮人の家庭も少なくありません。そのため現在，朝

figure 33　川崎駅前でおこなわれたヘイトスピーチ

撮影：阿部あやな

figure 34　在日朝鮮人を差別する文章を公式ホームページに掲載していた DHC の本社前でおこな
　　　　　われた抗議デモ

撮影：熊野功英

鮮学校に通う在日朝鮮人は少数派で，ほとんどの学生は日本学校に通っており，朝鮮語を話せない人もいます。日常生活でも日本社会からの差別を避けるために，通名として日本名を使用する人も多数います。日本は戦後においても「皇民化」を在日朝鮮人に強いているのです。

公的な権力を有する政治家も在日朝鮮人に対する差別をしています。たとえば，2000年に石原慎太郎東京都知事（当時）は，災害の際に「三国人」（敗戦後から1950年代にかけて使われた朝鮮人・台湾人を指す差別語）が騒ぎを起こす可能性があるので，自衛隊による治安維持が必要であるという発言をしました。また，1973年以来毎年関東大震災時の朝鮮人虐殺（103頁参照）の犠牲者に対する追悼文を歴代の東京都知事が出してきたにもかかわらず，小池百合子現東京都知事は2017年以来これをとりやめるなどの対応をしています。現在でも地震が起こるたびに，朝鮮人に対する差別がインターネット上で相次ぎますが，それはこうした差別をとめない公権力の姿勢とも関わっていると言えるでしょう。在日朝鮮人は関東大震災から約100年がたとうとする現在においても，官民一体の差別を受け続けているのです。

　日本も1995年には人種差別撤廃条約に加入しました。しかし，この条約で義務づけられている包括的差別禁止法はいまだなく，条約違反が続いています。

　こうした在日朝鮮人に対する差別に対し，日本社会では「そんなに日本が嫌なら祖国に帰ればいい」「日本国籍を取得すればいいんじゃな

figure 35　1953年に朝鮮戦争の休戦協定が結ばれた板門店（パンムンジョム）

撮影：加藤圭木

figure 36　朝鮮人民民主主義共和国・平壌（ピョンヤン）の中心部

撮影：加藤圭木

い？」「日本人を拉致したり，ミサイルを打ったりしている北朝鮮を支持しているのなら差別されても仕方ない」といった声が聞かれます。しかし，こうした考えにはいくつか問題があります。

　まず，日本の朝鮮植民地支配の結果，朝鮮半島が南北に分断されているうえ，生活基盤が日本にある今，在日朝鮮人が祖国に帰国することはとても難しいと言えます。日本国籍の取得においても，そもそも「帰化（きか）」には法務大臣の許可が必要であり，手続きのハードルも高いという問題があります。また，「帰化」が歴史的に「文明国に服従する」という意味合いを持ち，日本への「同化」を迫る制度であることや，国籍選択が自らのアイデンティティに深く関わってくることなどからも，国籍は簡単に変更できるものではありません（ひとりひとりのアイデンティティは多様で，他者が代弁できるものでもありません）。さらに

在日朝鮮人に「帰化」を求める姿勢は，在日朝鮮人の国籍に関する自主決定権が抑圧されている状況を不問にしています。それは同時に，日本国籍を持たない在日朝鮮人は差別されても仕方ないという論理にもつながっています。そして，拉致問題やミサイル発射問題も在日朝鮮人を差別したり，植民地支配の歴史を帳消しにしたりしてよい理由には決してなりません。先に述べたように，日本政府・社会は拉致問題が発覚する以前から朝鮮学校を弾圧・差別してきており，現在は拉致問題が朝鮮学校排除の正当化の道具として使われていると言えるでしょう。そもそも，在日朝鮮人がどんな国家や政府を支持するかは在日朝鮮人の固有の権利であり，日本人にそれを制限する権限はありません。

　一方で，「在日朝鮮人は，日本人と同じような生活をしているのだから，在日朝鮮人の権利を守ろう」という，在日朝鮮人を支持するような声もあります。しかし，これは裏を返せば，在日朝鮮人の権利について，日本人と生活や考え方が同じ場合のときだけ守るということです。在日朝鮮人に条件づけをする点で，この考え方はありのままの在日朝鮮人を認めているわけではありません。このように在日朝鮮人を支持する思いのなかにも，自分は在日朝鮮人をジャッジする側だという内なる無自覚な植民地主義が潜んでいる場合もあるのです。

　在日朝鮮人にとっての戦後を見ると，日本は平和国家とも民主主義の国とも言えません。日本は戦後，朝鮮戦争（91〜92頁参照）をはじめとした戦争に協力し，経済発展してきた歴史もあるのでなおさらです。こうした日本を支えているわたしたちひとりひとりが自らの内面化した植民地主義を問い直すとともに差別を止めていくこと，そして，差別制度を変えるよう日本政府に要求していくことが求められているのではないでしょうか。

歴史が問題になっているのは韓国との間だけじゃない？

　日本の植民地支配や侵略戦争の歴史は，韓国との関係に限った問題ではありません。中国をはじめとした日本の侵略を受けたアジア諸国との間でも問われている問題です。そして，現在も日本とは国交のない朝鮮民主主義人民共和国との間でも，植民地支配の歴史は重大な問題なのです。朝鮮民主主義人民共和国は，これまでの章でも触れたように，韓国と同じ民族であり，もともとはひとつの国家でした。朝鮮民主主義人民共和国との関係については，日本社会ではあまり正面から語られることが多くないと思いますので，みんなで話してみました（2020年11月24日におこなわれた座談会の記録の一部を加筆・修正したものです）。

熊野：日本の植民地支配や日本軍「慰安婦」問題というと，日韓だけの話に思われがちですよね。この本でも日韓関係は重視したけれど，日本は韓国だけじゃなくて，朝鮮半島全体を支配していました。その前には台湾の植民地化（1895年）もしています。日本の朝鮮半島全体に対する植民地支配があって，朝鮮半島全体に被害を与えて，それが土台となって，米ソによる分割がある。だから分断体制に対しても日本は責任があると思います。今，国交が開かれていないなかで，朝鮮民主主義人民共和国に対しても同じ責任を持っているんですよね。よく自己紹介をする際に，どうしてもめんどうくさくて「日韓関係について勉強

してます」って言っちゃうときがあるんですけど，朝鮮史，あるいは，朝鮮半島と日本の歴史と言うべきなのかなって感じます。

牛木：(朝鮮民主主義人民) 共和国との関係では，拉致問題や核問題を見て，共和国を「あの国は人権もなにもまったくあったもんじゃない」みたいにボロクソに言う感覚と，韓国に対して「反日」だって言うのは通底してそうですね。共和国に対しては，拉致された人たちの人権という点から反発している日本人はすごく多いんだと思います。そこであらためて考えなければいけないのは，拉致問題が起きたのは朝鮮半島にとっての「分断状態」，つまり「戦争状態」「非平和」な状況下だったということですね。その朝鮮半島の「非平和」をつくりだしたのはだれか。そもそもの原因をたどれば近代日本の朝鮮侵略・植民地支配です。さらに，戦後も日本はアメリカとともに共和国に対して敵対政策をとってきました。日本側は「戦後」を「平和」だと思っていたのかもしれませんが，朝鮮半島の側から見ればそうじゃなかったわけです。朝鮮半島の「戦争状態」を終わらせて平和が実現されるという過程のなかで，拉致問題などの解決も見えてくるんじゃないかな。日本は朝鮮半島の「戦争状態」をつくりだして「対立」を激化させてきたそもそもの張本人です。だから植民地支配について謝罪し賠償したうえで，共和国との国交を回復させることで，責任を果たしていかなくてはと思います。

朝倉：本当に (朝鮮民主主義人民) 共和国というと，日本が朝鮮半島に圧迫を加えてきた歴史的経緯を無視して，核か拉致問題しか，メディアでも報道されてなくて。狭い視点でしか見られてないのに，それがすべてみたいな感じで語られてしまっているのがすごく危険だなとわたしも思うんです。拉致問題があるからといって，植民地支配の問題がなかったことになるわけではないと思います。それこそ，徐京植さんが書いていたように，拉

致問題と，他民族を抑圧し搾取する「制度」としての植民地支配は質的に違っていて，このふたつを秤にかけてはならないと思います（徐京植『秤にかけてはならない──日朝問題を考える座標軸』影書房，2003年）。今の菅（義偉）内閣になったときも新聞に「拉致問題に取り組む」ということが載っていたんですけれど，そこだけで見てはいけないんじゃないかなと思います。メディアのあり方も問題があるのかなと思います。

李：つい最近，（アルバイトで）韓国語を教えていたときに，教科書のなかで朝鮮民主主義人民共和国支援についての話が出ていたんですけれど，それについて賛成するか反対するかがテーマだったんです。それで，反対する理由が拉致問題だったんです。それを聞いて自分が考えたのは，不完全ではありながらも韓国とは日韓協定を結んで経済協力などをしていたけれど，朝鮮民主主義人民共和国に対してはなにもしていない。時代的な流れとしては植民地支配の問題が先であって，そのうえで拉致問題の解決ということになるのではないでしょうか。もちろん拉致問題は重大な問題ですから，解決に向けて，同時並行的に進んでもいいと思います。

熊野：特に朝鮮民主主義人民共和国に関しては，そこで暮らしている人の顔が見えていないっていうのもあると思う。それから，自分（日本側）が変わらないで相手（朝鮮民主主義人民共和国）を変えようとしているけど，まず自分を変えなきゃいけないんじゃないでしょうか。それは，先に植民地支配を見つめなきゃいけないということです。分断体制も日本だと対岸の火事のように思われていて，「南北分かれて大変そう」みたいな感覚がある。それに付随して，「韓国人はみんな軍隊行かなきゃいけないから大変だね」と言うんだけど，すごい他人事ですよね。根本的には日本が朝鮮半島を支配して，それがもとになってそのあと分断体制になったという歴史を忘れちゃっている。だから，韓

国人の友達や K-POP のアイドルが軍隊に行くという話が, すごく他人事になっちゃう。でも, それは全然他人事じゃないよ, むしろ自分事だよ, 自分たちがそうさせたんだよって, そうさせているんだよっていう感覚をまず持たなきゃいけないと思います。分断体制は南北だけの問題じゃなくて日本がすごく関わっている問題だという認識も必要だと思います。

　そもそも共和国に対しても植民地支配したという感覚が, 日本社会にはないんじゃないかな。よく「朝鮮半島と日本の歴史を勉強している」と言ったときに, すぐ韓国の話だけをされる。「共和国のことも含めて自分は考えてるんだけど」と言うと,「北朝鮮のこともやってんの?」って感じで, まったく別のことのように言われる。そのとき, やっぱり朝鮮半島全体に対しての視点が欠けているなと感じます。

第4章
「事実はわかったけれど……」、その先のモヤモヤ

日韓「対立」の背景や日本の植民地支配が引き起こした問題については理解できたとしても、それとどのように向き合ったらよいのかがわからないと戸惑うことも多いでしょう。実際、この本をつくったわたしたちもそうでした。そこで、本章ではわたしたちやわたしたちの友人・知人の体験を紹介することで、問題と向き合う姿勢について考えます。

K-POP好きを批判されたけど，
どう考えたらいいの？

朝倉希実加

親とケンカになる？

　韓国文化が好きだったり，日韓関係について学んでいたりすると，よく親と意見が合わなくてケンカになったという話や，親に「反日」ではないのかと疑われて反対されたというエピソードを耳にします。では，なぜ，そのように親世代との歴史認識に差異を感じることがあるのでしょうか。もちろん，歴史認識の差異は世代によって線引きができるものではありません。親世代・若者の認識はそれぞれ多様性があるわけですが，ここでは実際に親世代との間にモヤモヤを感じたことのある友人たちの話を紹介しながら考えていきましょう。

韓国は「遅れた国」？

　「韓国でなにか事件が起こったときに，『韓国人はこれだから』と事件と民族性とを結びつけて考える大人たちがいる」というエピソードを話してくれた人がいます。このような言動の問題点は，韓国を「遅れた国」とみなしていることです。

　日本が朝鮮を植民地支配していた時代にも，朝鮮を「野蛮で未開の国」だとする言説は，よく聞かれました。「朝鮮は遅れているから，自ら発展することができない。日本が支配して助けてあげるのだ」という言説を振りまくことで，朝鮮支配を正当化していたのです。日本はそうした言説を戦後も引き継いできたと言えます。

　別のエピソードを見ていきましょう。韓国では，2017年に当時の朴<ruby>パク</ruby>

figure 37　朴槿恵大統領退陣を要求するソウル清渓広場でのろうそくデモ

出典：Wikimedia Commons

槿恵大統領が汚職疑惑などに対する人びとの抗議を受けて弾劾されま
したが，このことについて，ある友人の親は「韓国は大統領を引きず
り下ろす国だもんね（笑）」と話していたそうです。まるで韓国を，法
治国家ではない「遅れた国」であるかのような言い方だったそうです。

朴槿恵元大統領の退陣を求めた「ろうそくデモ」（火を灯したろうそ
くを持って集会に集まったことから，このように呼ばれています）には，
100万人を超える人びとが参加しました（98頁参照）。これは，決して
「遅れ」などではなく，むしろ韓国で民主主義が作用していることの
証だと言えます。

　韓国では，1987年に民主化されるまで軍事政権が続いていました。
「かつての軍事政権のような暴政に戻してはならない」という，歴史
に立脚した反省があるからこそ，「ろうそくデモ」が大きな広がりを見
せたのだと思います。韓国人ひとりひとりの間には，韓国の政治や社
会を構成し形づくっていくのは自分たちである，という当事者意識が
広がっていると言えるでしょう。このような民主主義や，政治，社会
に対する意識は，遅れたものとはかけ離れています。

　そもそも，韓国の軍事政権は，日本の植民地支配の影響を受けてい

121

たと言われています（94頁および96頁参照）。たとえば，朴槿恵前大統領の父親である朴 正 熙元大統領が，日本の陸軍士官学校出身であることはよく知られています。かれのような日本の支配に協力した，「親日派」と呼ばれた人びとが韓国の軍事政権を担いましたが，かれらは日本の支配下で身につけた非民主的な統治方法で韓国民衆を抑圧しました。

　以上で見たように，韓国の軍事政権は決して日本の植民地支配と無関係ではありません。しかし，日本人の多くはその関係を知らないまま，韓国は民主化が進展していない「遅れた国」だと語っているように感じられます。

韓国は性差別がひどい？

　「韓国は遅れた国だ」という言説は，韓国で性暴力事件が起こったときにSNSやテレビ番組でよく聞かれます。その根底には「韓国には女性蔑視が強くある」という認識があるように思えます。この問題をめぐっては，以下のふたつの点を考える必要があります。

　ひとつは，日本の植民地支配が朝鮮の性差別を強化した，ということです。たしかに日本の植民地になる前の朝鮮王朝時代にも，性差別はありました。ただし，地域や身分，階層によって，女性がおかれている状況は多様でした。地域によっては女性の再婚が認められていたり，財産の相続ができるなど必ずしも女性の地位が低かったわけではありません。こうしたなかで，朝鮮総督府は1912年に朝鮮民事令（民法にあたる）を施行しました。1921年に改定された同令においては，日本の旧民法の影響が拡大しました。たとえば，朝鮮にはなかった女性の再婚禁止期間が規定されたり，女性の家督相続の否定などが定められました。日本の旧民法に見合うような形で，朝鮮の婚姻や相続に関する従来の慣習がゆがめられたり否定されたりしたのです。また民事令において適用された朝鮮の慣習は比較的女性の権利が認められていた地方や庶民の慣習ではなく支配階層の慣習でした。従来，朝鮮人

女性がおかれていた状況は地域や階層などによって多様でしたが、それらを一律に否定して、画一的で性差別的な女性観を朝鮮に押しつけたのが、日本の植民地支配でした。

日本の植民地支配による収奪政策によって、朝鮮人の絶対的な貧窮化が進みましたが、そこで大きな影響を受けたのが女性たちでした。貧窮化にともなって人身売買が拡大するなかで、女性たちは、日本が朝鮮に持ち込んだ公娼制度に組み込まれていきました。公娼制度とは、国家が公認する「性売買」制度のことで、女性の人権を蹂躙し自由を剥奪した点で、その本質は性奴隷制度と言うべきものです。この公娼制度は、もともと朝鮮には存在しないものでした。

1945年の解放直後に、ある朝鮮人男性は「日帝が女性に関してこの地に残した害毒が二つある。一つは公娼制度であり、もう一つはかれらの封建的女性奴隷観を維持延長させたことだ」と述べています（崔在錫「解放される娼妓五千名」『開闢』1948年2・3月合併号）。植民地支配が女性に与えた影響を端的に示した言葉と言えるでしょう。

「遅れた国」という言説について、もうひとつ考えてほしいことは、現代韓国で展開されている性差別を乗り越えようとする動きです。韓国にも性差別はありますし、女性蔑視観を持つ人もいます。しかし、韓国ではフェミニズムが影響力を拡大させています。性差別の問題が社会で積極的にとりあげられ、それを改善しようとする大きなうねりが生じています（132〜135頁参照）。フェミニズムをめぐっては、日本とはかなり異なる状況があるように感じます。日本では韓国のほうが性差別に対する意識が遅れているという感覚を持っている人も少なくありませんが、世界経済フォーラムが毎年発表するジェンダーギャップ指数の2021年を見ると、世界156か国中日本が120位、韓国が102位となっています。

日本では以上のような事実認識が形成されていないからこそ、「韓国は遅れた国」という発想が出てくるのではないでしょうか。

123

韓国は「反日」?

　よく「韓国は反日だ」「反日教育をしている」という言説を耳にすることがあります。日韓関係史について学んでいる多くの人が，親や友人から「反日ではないのか」と心配されたり，学ぶことをやめるように言われたりしたそうです。また，韓国について学ぶスタディツアーや合宿に参加することを，親から反対されたという経験がある人もいます。これも実際の経験から考えてみましょう。

　ある人は，韓国に留学に行くという話を友達にしたところ，「日本人が行くと危ないんじゃない?」と言われたといいます。韓国の人たちは「反日」だから，日本人に危害を加えるのではないか，と思ったのでしょう。これは，韓国の人たちが日本や日本人のすべてに反対しているという意味で「反日」をとらえているから生まれる認識だと思われます。しかし，韓国が主張しているのは，日本政府がこれまでに過去ときちんと向き合わずに，謝罪と賠償をおこなってこなかったことに対する反対であり，すべての日本人や日本に反対を唱えているわけではありません。

　このような誤った認識は，韓国で掲げられている「NO JAPAN」や日本製品の不買運動に対しても見られます。これらは日本の過去の加害の歴史，そして戦後反省や賠償をおこなってこなかったことに対する批判からなされているものですが，そのことが日本社会ではあまり理解されていません。ある在韓日本人は，日本に帰国した際に，親戚に「韓国人に今お土産買ってったらだめだぞ！　捨てられちゃうからな！」と笑いながら言われたというエピソードを話してくれました。また，その人は，ほかの在韓日本人の子たちがSNSに「NO JAPAN」のスティッカーが貼られた車の写真を撮って，「日本人だからなにかされるのではないか，怖い」と投稿しているのを見たそうです。そうした言動に対して「問題の根本がわかっていないのだと思ってモヤモヤした」と語ってくれました。

　また，日本では「韓国の大統領は支持率が下がるたびに日本を利用するんだ」などと，韓国政府が支持を獲得するために「反日」を掲げているという言説も見られます。これも韓国が日本を悪く言う理由が向こう側にあるという発想から出てきたものだと言えるでしょう。歴史問題は大統領が先導して解決を求めてきたというよりも，市民が解決を求めて運動を主導してきたという歴史があります。それを「大統領の支持率アップのため」などと矮小化（わいしょう）するのも正しくありません。

　「反日」という言葉から，韓国は怖い，なにかよからぬことをするのではないかというイメージを持つのではなく，韓国人が日本のなにを問題としているのかしっかり見つめ考えることが求められているのではないでしょうか（70〜72頁および170〜172頁参照）。

歴史認識のギャップ

　日本の歴史修正主義の勢力（日本の加害の歴史を歪曲・否定したり，正当化したりする動き）は1990年代後半にかけて台頭しはじめ，現在もその活動がさかんです。単純に世代で分けられるわけではありませんが，今回話してくれたエピソードをふまえると，わたしたち若者と親世代との歴史認識のギャップは大きいと感じられます。それがどのようなものなのか，実際の体験を見てみましょう。

　　小学生の頃，親にアジア太平洋戦争は欧米列強からアジアを解放するための「大東亜戦争（だいとうあ）」だったのだと教えられました。そのときは，「大東亜戦争なんてあまり聞いたことがないな」と少し疑問に思いながらも，よくその意味をわかっていませんでした。ですが，大学生になって歴史を本格的に勉強するようになって，こうした発言が歴史修正主義的かつ植民地主義的であることがわかるようになり，自分と親とでアジア太平洋戦争に対する認識が大きく異なっていることを感じさせられました。

この人の体験からは，日本の戦争や植民地支配について「アジアのため」と正当化した戦時中の言説が歴史修正主義の台頭によって再び広げられ，親世代がそのまま受け継いでいることが見てとれます。

　このような考えの問題点はふたつあります。ひとつ目は「アジアのため」ではなく「日本のため」だったということです。戦争も植民地支配も「アジアのため」におこなったわけではなく日本の領土を拡張するため，日本の利益を求めてのことでした。たとえば，1890年に山県有朋は日本の国家政策について演説しましたが，そのなかで朝鮮のことを「利益線」と呼び，日本の利益を確保するために朝鮮を利用することを説いています。また，日本の朝鮮侵略や植民地支配の過程では，朝鮮に鉄道が敷設されますが，これは戦争や支配に利用するためのものでした。

　ふたつ目は「アジアのため」であったら，他国の主権を奪い，日本に反対する多くの人びとを弾圧し，無理やり同化させ，強制動員をおこなってもよいのかという点です。日本は「朝鮮のため」だと言って朝鮮を植民地支配下におきましたが，その過程で多くの朝鮮の人が殺され，民族差別のなかで劣悪な環境におかれました。これはいくら「朝鮮のため」であっても許されることではありませんし，そもそも「朝鮮のため」でもありませんでした。

　またわたし自身の経験では，日本政府が「大東亜戦争」と名づけ「アジアの解放」を掲げて戦争をしたことについて，中学生の頃に学んだ記憶はあります。しかし，それが戦争を正当化するためのものであったことは，高校生のときに学びました。

　それから次のような歴史認識のギャップを体験した人もいます。

　　自分が小学生の頃，親が小林よしのりの『新・ゴーマニズム宣言』をよく読んでいました。そのときはなんの漫画なのかまったく知らなかったのですが，大学生になって，その漫画に日本軍「慰安婦」問題やアジア太平洋戦争に関して歴史修正主義的な内容が多

く描かれているということを知りました。そして,案の定,自分が大学で朝鮮語を習っている話や流行りのK-POPの話,韓国に留学に行きたいという話をすると,少し顔を曇らせたり,「左巻きの考え方になっている」と注意されたりしました。自分にとっては,それがとてもモヤモヤした思い出です。

　歴史修正主義者は,よく日本の恥となるような植民地支配などについて教科書に載せることを,「自虐史観」に基づいていると言います。しかし,日本の過去の「恥」となるようなことを学ぶことは「自虐的」なのでしょうか。植民地支配や戦争について教科書に載せず児童生徒が学ばないことは,知識が身につかないばかりでなく,植民地支配責任や戦争責任について考える機会を失うことでもあります。そうなれば,過去から学び,反省して二度と同じような過ちを犯さないでほしいという被害者の願いも無視されることになるのではないでしょうか。自分たちにとって都合の悪いことを学ぶことは,「自虐的」なのではありません。むしろ,都合の悪いことを学ばないことこそが「恥ずかしい」ことであり,「自らをおとしめる」行為であると考えます。都合の悪いことも含めて真実を見つめ,反省することこそが歴史を学ぶ意義なのではないでしょうか。

百田尚樹氏の主張は正しいの?

　日本の過去の行為を正当化しようとする考えを持つ百田尚樹氏の小説が売れ,その影響力が強く,わたし自身も中学生の頃に読んだことについては第1章「なにが本当かわからなくて」でも触れました。親世代の大人たちから勧められて読んだ人もいると思います。

　では代表作である『永遠の0』についてはどのように考えたらよいのでしょうか。中学生のときは,特に疑問を感じなかった作品ですが,あらためて読んでみました。この作品は特攻隊に焦点をあてて描かれていますが,その特攻隊の問題性や特攻隊が考え出された背景,

127

その責任といったことには触れられていません。また，主人公は家族のために生きて帰りたいと思っているのですが，特攻隊の犯罪性や戦争責任などを，家族愛で覆い隠して見えなくしているように，感じられました。そこには，もっと問うべき重要な問題があるのではないかと思います。

　百田尚樹氏の発言は，社会的に注目されることが少なくありません。南京大虐殺（日中戦争中の1937年に，日本軍が中国の南京城およびその周辺で起こした大規模な虐殺事件）について否定する一方で，東京大空襲や原爆投下について虐殺であった，というような発言をしています。つまり，日本自らが戦争中におこなった加害については否定したうえで，日本が受けた被害についてだけ問題視しているのです。

　また，百田氏は，小説以外の本も出版し，そこでも歴史について語っています。すでに第1章でも触れましたが，近年では，日本の歴史を書いたとしている『日本国紀』（幻冬舎，2018年）や『今こそ，韓国に謝ろう──そして，「さらば」と言おう』（飛鳥新社，2017年）などの著書において，日本の加害の事実をゆがめたり否認したりする記述が見られます（「韓国に謝ろう」というタイトルは，百田氏の皮肉であり，日本の加害行為について謝罪するというものではありません）。1923年の関東大震災では，日本に渡ってきていた数千人の朝鮮人が日本の軍隊・警察・民衆によって虐殺されましたが（103頁参照），『日本国紀』では，これについて，事実を歪曲した記述をしています。たとえば，朝鮮人が暴行や放火をおこなっているという震災直後に流されたデマについて，百田氏は実際にあったことであると主張しています。百田氏は，その根拠として，当時の新聞に朝鮮人の暴動や犯罪を伝える記事があると主張していますが，今日の研究においてそれはおおむね虚報，誤報であったことが明らかにされています。このように誤った史料解釈をおこない，現在までの研究結果を無視して当時のデマを肯定しています。朝鮮人が暴動を起こしていたため虐殺が起こったのだと主張しているのです。虐殺の責任を被害者側に負わせようとするものだと言

えます。

このような考えを持った人が書いた本ですから，『永遠の0』で戦争責任が問われずにいるのも，ある意味では当然のことかもしれません。

しかしながら，百田尚樹氏に対する一般的な評価は高く，著作も多く売れています。このような状況に違和感を覚えますし，わたしのようにあまり事実を知らないままその著作を読んだ人たちの歴史観に，悪しき影響を及ぼすことが心配されます。

自分自身の問題として

最後に，K-POP好きのある大学生が，親世代との葛藤を抱いたことが日韓関係について学びはじめたという声をもとに，考えてみましょう。

わたしは高校1年で衝動的にK-POPペン（ファン）になったのですが，そのことを最初は両親に言うことができませんでした。というのも，わたしの両親にはいわゆる嫌韓の気があり，激しく批判されるのは目に見えていたからです。はじめて自分がK-POPアイドルが好きだと打ち明けたとき，案の定，化粧した女みたいな男のどこがよいんだとか，韓国は女性蔑視の国だし反日だから危険だとか非難されたのを覚えています。さらに追い討ちをかけたのは，祖母の朝鮮人に対する憎悪にも似た差別発言でした。被爆者で，平和や戦争被害などの重みを1番理解しているはずの祖母の口から朝鮮人の蔑称を聞いたときは，かなり衝撃を受けました。自分のK-POP好きを家族に批判されるたびに傷つきましたが，そのたびに「カルチャーと，歴史とか政治問題は全然別物なの‼」と言い返していました。そう本気で信じていたし，そう言うと両親も黙ったからです。しかし次第に，本当に別物なのか？と疑問に思いはじめました。熱心にK-POPアイドルを応援しな

129

がら，結局韓国人としてのかれらのバックグラウンドにある歴史や信念をなにも知らず，むしろ日韓の悪いニュースを必死に避け続ける自分自身の矛盾に違和感を抱いたのです。これがわたしが大学で日韓の関係を学ぶモチベーションのひとつになりました。今では日韓の歴史問題がテレビのニュースで流れると，両親に解説したり議論したりしていますし，もちろん今でも K-POP ペンです。

　この声からは上の世代との葛藤を見出すことができますが，文化と政治を分けて考えていいのか，という点について検討していきたいと思います。現在では，多くの若者が韓国文化に慣れ親しんでいます。ですが，文化に慣れ親しむことで日韓関係は良好になり，被害者は救済されるのでしょうか。韓国が好きだから自分は嫌韓ではない，政治や歴史ぬきに仲よくすればいいというのは，問題の本質を考えていることになるのでしょうか。やはり，問題となるのは，日本政府がこれまで日本の植民地支配責任に向き合わず，被害者の救済をしてこなかったことであり，文化に親しむだけで両国の関係を変えるには限界があると言えるでしょう（160～164頁参照）。

　これまで大人たちと若者との葛藤について述べてきましたが，大人たちとの間に限られた話ではありません。友人との葛藤や，在韓日本人どうしであっても違和感を感じている若者もいます。この本を読んでいる若者も大人たちも，自分には関係ない話だとは思わずに，自分にも朝鮮人を差別したり韓国を「遅れた国」だとみなしてしまうような発言や行動はなかっただろうか，と振り返ってほしいと思います。

　わたし自身の経験では，知り合いの日本在住の韓国人に，わたしが大学で朝鮮史について学んでいるということを言ったときに返された言葉が，今でも深く胸に刺さっています。かのじょは「朝鮮人や朝鮮に対する差別なんて考えていたら生きていけないよ」と言いました。それは，かのじょが日本で生活するさまざまな場面で差別を受けてき

たこと, またそれに対するあきらめのようなものを感じさせる言葉でした。

　かのじょ自身は歴史問題に無関心なわけでも学んでこなかったわけでもありません。むしろ学んできたからこそ, 日本人の差別的な態度に疲れ, 考えるのをやめてしまったのだと思います。

　それと同時に, 韓国人のかのじょにそう思わせてしまうほど, 今の日本は差別であふれていることに気づかされました。昨年に BLM (Black Lives Matter) 運動が世界中で高まり, 日本でも運動が起きましたが, そのときにわたしは違和感も感じました。日本で BLM 運動を叫ぶ人びとの一部は, 日本で起こっている人種差別が見えていないような, まるで日本には差別がないと思っているような感じがしたからです。もちろん, 黒人差別は深刻な問題であり, 解消に向けて取り組まなければいけない問題です。しかし, それに取り組むと同時に, 日本で起こっている差別, 主に在日朝鮮人や韓国人に対する差別にも目を向ける必要があるのではないでしょうか。

　だから, この本を読んだあなたには, まず自分自身の問題として, 朝鮮人や朝鮮に対する差別問題を考えてほしいと思います。この問題は過去の問題でも他人の問題でもなく現在の, そして日本社会を生きるあなた自身の問題でもあるのですから。

131

『82年生まれ，キム・ジヨン』
朝倉希実加

　みなさんは，チョ・ナムジュ『82年生まれ，キム・ジヨン』（斎藤真理子訳，筑摩書房，2018年）という本を読んだことがあるでしょうか。この本は2016年に韓国で出版され，100万部を超えるベストセラーとなり，日本でも翻訳版が2018年に出版されて13万部を超えるヒットを記録しています。「キム・ジヨン」という名前は1982年に韓国で生まれた女性に多い名前で，この本ではそんなキム・ジヨンを精神科医が診察するカルテという形で物語が進んでいきます。物語に登場するキム・ジヨンは30歳で結婚，32歳で出産し，2015年に33歳を迎えた普通の女性として描かれています。かのじょは，ある日を境に，自分の母親や友達の人格が乗り移ったかのように振る舞いだします。かのじょが突然そうなってしまったのはなぜなのか，かのじょの半生を振り返

figure 38　『82年生まれ，キム・ジヨン』

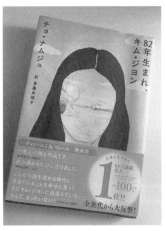

撮影：熊野功英

りながら，女性として生きる困難さを描いたのがこの作品です。

　なぜこれほどまでにこの本は売れたのでしょうか。そこには，これまで抑圧されてきた女性たちの，この物語は「わたしの物語だ」という共感があります。キム・ジヨンの物語で語られているのは，小学校で嫌がらせをしてくる男子の行動について訴えると先生がそれは好意があるからだと諭したり，女性は結婚・出産で仕事をやめるという理由から長期的で大事な仕事を任されない，といった現実の社会にもよくある話です。そのため多くの女性から，自分にもあてはまると支持されたのでしょう。

　また，この本が売れる背景には，韓国におけるフェミニズムの高まりが考えられます。2016年5月に，ソウル市の江南駅近くの公衆トイレで若い女性が見知らぬ男に殺害される「江南駅殺人事件」が起きました。犯人が動機として「ふだんから女性に無視されていた」と語ったことで，女性嫌悪（ミソジニー）による殺人事件であることが判明しました。事件後の江南駅の出口は「あなたは運が悪くてわたしは運がよかっただけという現実に憤怒する」「次は男に生まれてきてください」といった，被害者を追悼する言葉が書き込まれたポストイットで

figure 39　江南駅殺人事件の現場近く，追悼の様子

出典：Wikimedia Commons

あふれました。SNSでは、「＃たまたま生き残った」というハッシュタグをつけて、多くの人が投稿しました。この事件により、ミソジニーに対する女性たちの反発は非常に大きな動きとなり、韓国フェミニズムの高まりの大きなきっかけとなったのです。

　そして、この頃の女性たちの運動は今までのような批判や告発という形ではなく、新たな展開を迎えることとなります。それが2015年から2016年にかけて起こった社会現象「メガリア」です。2015年には、「＃わたしはフェミニストです」というフェミニスト宣言が相次ぎました。さらに、フェミニストたちはオンラインサイト「メガリア」を立ち上げました。メガリアでは従来のようにヘイトに反対するのみならず、ミラーリング（女性差別発言をそのまま男性に転換するなどの鏡のような行動）をおこないました。たとえば、女性を蔑視するような「キムチ女」という名称などが多くあることに対抗して、男性たちを「韓男虫」という名称で呼びはじめました。このような行動は大きな影響を世の中にもたらしました。

　一方で、メガリアに対しては男性ヘイトであるといった見方も多く寄せられて、フェミニストのなかでもヘイトの連鎖を憂慮する声が少なくありませんでした。こうした批判や憂慮は適切なのでしょうか。この論点は、反差別の運動に対して「逆差別」といった批判がすぐになされる日本社会にも、共通するものだと思います。日本ではフェミニズムというだけでどこか怖いものだととらえている人が少なくないように感じます。しかし、メガリアンたちが目指したのはヘイトの連鎖ではありません。男性たちは男性嫌悪を批判するよりも前に、社会に蔓延していた女性嫌悪を批判するべきでした。また、女性たちがそのような過激と呼ばれる行動をせざるをえなかった社会構造の問い直しこそが必要だと言えます。

　韓国社会でも女性差別をめぐってさまざまな葛藤はありますが、メガリアのような日本社会ではあまり見られない積極的な活動が展開されたことは注目されます。その後も、メガリアの活動の影響を受けてデジタル性暴力に反対する団体としてDSOが活動をはじめました。

2018年に入ると，女性たちの運動は #MeToo 運動という形でさらに展開していきます。韓国の #MeToo 運動は，女性検事による上司のセクハラに対する告発からはじまり，あらゆる分野に波及していきました。2020年には，「ｎ番部屋事件」が韓国で大きな関心を集めました。「ｎ番部屋事件」とは，通信アプリ「テレグラム」の複数のチャットルーム内で女性の性的な動画などが共有されていた事件のことで，被害者には未成年も多く含まれていました。その中心人物として逮捕された「博士」と呼ばれる容疑者に対しては，身元公開を要求する請願運動，また「テレグラム」のｎ番部屋に加入して傍観していた人びとの身元公開を求める請願運動がさかんにおこなわれ，100万筆を超える署名が集まりました。その背景には，デジタル性犯罪がきちんと処罰されてこなかったことへの女性たちの憤りと，SNS という身近なところで起きた犯罪による被害者への共感があります。その成果として，「ｎ番部屋再発防止法」が制定され，違法撮影物の流布・販売・賃貸・提供に加え，所持または視聴した人も処罰の対象となりました。

　このようなフェミニズムの高まりと『82年生まれ，キム・ジヨン』は相互に影響し合い，差別に立ち向かおうとする意識を韓国社会に生んできました。韓国では軍事政権からの民主化や朴槿恵元大統領の弾劾などさまざまな運動において，女性たちが積極的に声をあげてきました。その歴史のなかで，女性たちは社会的な抑圧を受けながらも社会を変えようとする意識と力を蓄積していきました。それが韓国フェミニズムにも影響を及ぼしてきたのではないでしょうか。韓国では現在もフェミニズムへの関心は高く，女性たちの権利や平等を求めて市民による運動が展開されています。

　では，日本ではどうなのでしょうか。学校，結婚，育児，仕事など，キム・ジヨンが感じた女性としての生きづらさを抱えている人は少なくないはずです。韓国や日本においてどのように女性が抑圧されてきたのか，わたしたちが性差別のない社会を実現するためにできることはなにかについて考えながら，『82年生まれ，キム・ジヨン』を読んでみてほしいと思います。

ただのK-POPファンが
歴史を学びはじめたわけ

熊野功英

韓国文化にハマり, 韓国へ

　突然ですが, みなさんは, K-POP や韓国ドラマといった韓国文化は好きですか?　ぼくは大好きです (笑)。高校 3 年生の冬, 受験勉強の真っ只中なのにもかかわらず, つい夜中に YouTube を開いてしまい, その頃友達の間で流行っていた K-POP グループの BTS とTWICE のミュージックビデオを観て衝撃を受け, 一気に韓国文化に興味が湧きました。あの夜の衝撃は今でも忘れられません。なぜならぼくはそれまで韓国という, 日本から最も近い隣国のことをほとんど意識したことがなかったからです。その後, ぼくは無事大学に入学し, さっそく大学の第 2 外国語で朝鮮語を選択しました。そして, より K-POP や韓国映画・ドラマ, 朝鮮語が好きになっていきました。

　でも, ぼくが朝鮮半島と日本の歴史を学びはじめたのは, 韓国文化が好きだったからではありませんでした。むしろ韓国文化が好きだからこそ, 歴史を忘れていました。ぼくが歴史を学びはじめた直接的なきっかけは, とある同世代の在日朝鮮人 (100〜107頁参照) の A さんとの出会いでした。A さんとは, 日本軍「慰安婦」問題 (26〜37頁参照) について学ぶ韓国でのスタディツアーで出会いました。そのツアーはぼくが慕っていた第 2 外国語の朝鮮語の先生が主催しており, 1 年間の授業の終わりに参加者募集の案内があったので, 一緒に朝鮮語の授業を履修していた友達と参加することにしました。

　日本軍「慰安婦」問題に関するスタディツアーに参加したと聞くと,

その時点でぼくが相当意識の高い人だと思われるかもしれませんが，当時のぼくは正直，日本軍「慰安婦」問題どころか歴史にもそんなに関心がありませんでした。むしろ歴史は暗記科目という印象があり，「大学でも歴史勉強するのはちょっとなぁ……」とさえ思っていました。純粋にK-POPをはじめとした韓国文化が好きで，「韓国と言えばK-POP」というただのK-POPファンでした。

　では，なぜそんなぼくがツアーに参加したのかというと，まずそのツアーが破格に安かったからです（不純な動機！）。韓国文化は好きでしたが，韓国には一度も行ったことがなかったので「これは韓国に行けるいいチャンスだ！」とひそかに思っていました。

　肝心の日本軍「慰安婦」問題については，ニュースなどで聞いたことはあったのですが，インターネットの情報が正しいのかも判断がつかず，「知っておくべきことなんだろうなぁ……」とは思いつつもよくわからない問題のままでした。それに，その当時アルバイトをしていたカラオケ店の店長に朝鮮語を習っていると言うと「韓国人は反日だからな」と言われていたので，その発言を少し疑いつつも「実際，韓国って反日なのかな？」とも思っていました。なので，「ツアーに行けば，これを機によくわからないことも手軽に知れて一石二鳥だ！」くらいに思っていました。「韓国文化は好きだけど歴史は知らない」という負い目も少し感じはじめていたので，日本軍「慰安婦」問題がテーマのツアーはちょうどよかったのです。

　ただ，いくら安く韓国に行けるとはいえ，スタディツアーなのでハードルの高さはもちろん感じていました。でも，そのとき仲のよかった2人の友達がツアーに参加すると聞いたので，その友達の勢いを半分借りて韓国へ行くことになりました。

とある在日朝鮮人との出会い，そしてモヤモヤ

　そんなこんなで，さっそくぼくは友達と一緒に韓国に出発しました。ですが，ツアー開始早々の自己紹介で，参加者のひとりだった在

日朝鮮人のＡさんに，「わたしはまわりでK-POP好きな人がいても，うーん……って感じ。歴史を見ないで楽しいところだけ見るのは文化の消費でしかない」といったことを言われたのです。そして，ほとんどの日本人が日本の加害の歴史に正面から向き合っておらず，だれもがたとえ意図しなくとも「ネトウヨ」（インターネット上で極右思想や人種差別に基づいた発言を繰り返す「ネット右翼」の略）のように差別や加害をしうると指摘されたのです。

　かなり鋭い口調だったこともあり，ぼくは頭を後ろから殴られたような衝撃を受けました。そのときはＡさんの言っていることがよくわかりませんでしたが，とても動揺したことは覚えています。自分としては「韓国の文化は好きだし，韓国人や在日朝鮮人の人たちに対しても悪い印象はない。なにより自分は差別をするような人間じゃない」と思っていたからです。口にこそ出しませんでしたが，心のなかでは「日本人みんながみんなそういうわけじゃない！」「なんでそんな怒った言い方をするんだろう」とも思っていました。ただ，同時にＡさんの指摘がずっと頭を離れませんでした。

　自己紹介のあと，まわりでもＡさんの指摘を受け入れられないという声や，言い方に気をつけるべきだという声がありました。でもそんな声をはたから聞いているうちに，自分もまわりの参加者の気持ちが半分わかりつつも，それだとどこかＡさんの怒りに目を背けているような気もして，いったんＡさんがなぜそこまで怒るのか考えなくてはいけないような気がしてきました。そうやってモヤモヤしているうちに，「実はＡさんの怒りの受け皿が日本社会にはないのではないか」「在日朝鮮人が怒るほど日本社会の側に問題があるのではないか」と思いはじめたのです。それに自分がモヤモヤや反発心を感じてしまうのは，Ａさんの「文化の消費だ」「日本人は加害の歴史に向き合っていない」「だれもが加害をしうる」といった指摘が図星だからな気がしてなりませんでした。でもそのときは，Ａさんの指摘を認めてしまうことが怖くて，深く考えることを無意識に避けていました。

　また，ツアー中には歴史だけでなく，ジェンダー／セクシュアリティの問題についても向き合わざるをえないことがありました。というのも，日本軍「慰安婦」問題のツアーに参加していながら，友達との会話で出た女性差別の発言やセクシャルハラスメントをぼく自身が容認し，差別に加担してしまったからです。特に夜，ひとりの友達が女性の友達に性的なことを聞いた場面にぼくもいたのですが，笑って過ごしてしまっていました。あとで，ほかの参加者からの指摘で問題に気がつきましたが，自分の無知や加害性の認識の甘さで他者を傷つけてしまうことがあるということを痛感する経験でした（これはぼくがジェンダーについて学びはじめるきっかけにもなりました）。

　そのため，はじめは楽しかったツアーもどんどんと居心地の悪いものになっていきました。そして，モヤモヤした気持ちをツアー先で仲よくなったほかの参加者と共有しているうちに，ツアー最後の夜に一緒にAさんと夜ご飯を食べに行くことになりました。モヤモヤしているぼくをAさんとの対話の機会に誘ってくれたのはうれしかったのですが，自分としてはAさんと話をしたいという思いと，自分の無知や加害性に向き合わざるをえなくなるつらさとに心が揺れていました。

　そして案の定，ぼくはAさんに日本の加害の歴史や自らの加害性に

figure 40　韓国でのスタディツアーでモヤモヤを聞いてくれた友達がとってくれたメモ

撮影：熊野功英

対する認識の甘さ，ジェンダー認識をあらためて鋭く指摘されました。ぼくは本当に基本的なことも知らなかったので，Ａさんに対していろいろと湧き上がる疑問を尋ねてみると，「あなたに悪気がないのはわかってるけど，自分で勉強するという"コスト"はなにも払わずに質問するのは，当事者の領域にズカズカと侵入して，当事者に語らせていること。わたしたちはこれを何千回何万回も今までの人生でやってきて疲れてる」というようなことも言われました。すごく衝撃でした。また，日本人男性であるぼくには，男性としての特権や，日本の加害の歴史や民族差別の問題について考えなくても生きていける特権があるということも教えられました。

　そうした指摘の数々を受けてぼくは，韓国文化が好きだったり，韓国人や在日朝鮮人に対して特別悪い印象を持っていたりしなくても，それは日本の加害の歴史に向き合うのとは全然別の問題だということに気づかされました。実際，今までの人生を振り返って，自分が日本の加害の歴史を心から認識していたかと言われれば，そうではなかったと認めざるをえませんでした。結局，ぼくはまさにツアー初日にＡさんに指摘されたこと，つまり，日本の加害の歴史には目を向けずに，自分にとって都合のいい，楽しいところだけを見る「文化の消費」をしていたのです。韓国文化好きだからこそ，日本の加害の歴史をしっかり認識していなかったのかもしれません。歴史に目を向けないという選択ができること，難しい問題だと考えることを避けること，「歴史と文化は別」だと言えること，これがまさに日本人としてのぼくの特権でした。ぼくは日本の加害の歴史を考えなくても生きていける立場だからこそ，なにも考えずに韓国の文化を無邪気に楽しむことができていたんだと思います。

　また，もしかしたら自分も，いわゆる「ネトウヨ」ほどではなくても，今まで知らず知らずのうちに韓国人や在日朝鮮人に対して差別的な言動をしていたかも，自分もかれらをどこか下に見ていたかも——そんな気がしてなりませんでした。そして実際に，韓国が「反日」な

のかそうでないのかを確かめようとしていたツアー前のぼくの気持ち
は，相手（韓国）が自分たち（日本）のことを嫌いか否かでジャッジし
ようとしていて，相手を対等に見ていない態度でした。「反日」とは日
本の加害の歴史を認識していないからこそ出てくる言葉でした。

　人を差別するような人間ではない。そう思っていた自分のなかに，
日本の加害の歴史を軽視し，韓国人や在日朝鮮人などを見下すような
意識が根づいていたこと。これは韓国文化好きなぼくにとって，とて
もショックなことでした。そして，そんな自分の無知や加害性の認識
の甘さが一気に恐ろしく感じられました。実際にツアー中に自分が女
性差別に加担してしまっていた分，なおさらでした。

　ですが，こうして加害の歴史への認識の甘さに気がついたあとで
も，自分が加害を直接した兵士ではないがゆえに，はたして日本軍
「慰安婦」被害者に対して心の底から共感し，加害の歴史を認識する
ときは来るのだろうかと限界も感じてしまいました。もちろん，ツア
ーを通して日本が加害をしたという認識や被害を受けた人びとの痛み
に共感する思いは確実に高まったのですが，それが100％のものにな
る自信がありませんでした。今思うと，そもそも日本軍「慰安婦」被
害者はわたしたちが想像してもしきれないほどの被害を受け，解放後
／戦後も苦しみ続けてきた（29〜31頁参照）のであって，安易に共感で
きると言ってしまうことはむしろ暴力的だと言えます。共感も自分と
相手を同一視してしまうものであってはいけません。ただ，それでも
被害者との間にある「わかりえない」という圧倒的な壁の存在は悔し
く，またツアーで出会ったAさんをはじめ，朝鮮語の先生，熱心に問
題に向き合おうとしているほかの参加者との間にある壁や，自分自身
に限界を感じてしまうことにも情けない思いがしました。そのため，
最後の夜と翌日の最終日はツアーのなかでも特に精神的につらいもの
になりました。最終日に訪れた日本軍「慰安婦」問題の解決を訴える
水曜デモでは，加害の歴史への認識の甘い自分がこの場にいていいの
だろうかと感じ，「平和の少女像」にカメラを向けることもはばかれま

141

した（38〜41頁参照）。

　加えて，ツアーを通して芽生えた「日本の加害の歴史を知らなきゃ！」という思いも，他者に触発された外発的な意欲に思え，自分のなかから生き生きと歴史を学びたいと思えない自分自身に嫌気もさしました。

　そのため，ぼくはこのツアーを通じて，これからどう加害の歴史と向き合っていけばいいのかわからなくなってしまいました。日本の加害の歴史や加害の認識の甘さには気づいたものの，「そもそも戦後に生まれた自分にいったいどんな責任があるのか」「韓国の文化を楽しんではいけないのではないか」と混乱していき，ついにK-POPを聴くことも朝鮮語を学ぶことも楽しくなくなってしまいました。

「連累」で「知る」こと，差別に声をあげること

　ツアーが終わったあともモヤモヤは止まりませんでした。でも，考えているうちに，オーストラリアの歴史学者，テッサ・モーリス＝スズキさんが提唱する「連累」という概念にたどり着きました。それは，現代人は過去の過ちを直接犯してはいないから直接的な責任はないけれど，その過ちが生んだ社会に生き，歴史の風化のプロセスには直接関わっている。そのため過去と無関係ではいられないというものでした。そして，日本の侵略・植民地支配や日本軍「慰安婦」制度のような過去の不正義を生んだ「差別と排除の構造」が残っている限り，現代人には歴史を風化させずに，その「差別と排除の構造」を壊していく責任があるというものでした（テッサ・モーリス＝スズキ「謝罪は誰に向かって，何のために行うのか？──「慰安婦」問題と対外発信」）。

　加害行為を直接犯したわけではない現代人が過去の不正義に対してどんな責任があるのか，そもそも責任はあるのか，ということについてモヤモヤしていた自分にとって，この「連累」は"目から鱗"の概念でした。そして，過去の不正義が正されない社会に生きている限りは過去の歴史と自分は無関係ではないという「連累」の意識のもと，「差

別と排除の構造」を壊していくというスタンスで加害の歴史に向き合っていくことにしました。

　ただ，ぼくはあまりにもなにも知りませんでした。それに，ツアーから帰ってきても歴史を学ぶことに対しては気が重いままでした。それでも，ツアーで日本社会のマイノリティである在日朝鮮人に差別について無神経に語らせてしまったぼくは，これ以上自分の無知や加害性の認識の甘さで他人を傷つけたくない，マイノリティをただ語らせっぱなしにすることもしたくない，そんな気持ちでまずは日本の加害の歴史について「知る」ことをはじめることにしました。それは，ただ単に暗記科目のように知識を得るということではなく，学びながら自分自身の認識を問い直していくことでした。

　すると，そうした学びの過程で徐々に自分のなかから日本軍「慰安婦」問題をはじめとした日本の加害の歴史に対する問題意識が生まれてくることを実感しました。少しずつですが，人に言われてではなく，ぼく自身のなかから湧いてくるようになりました。結局，問題意識はなにかはじめからあるものというよりは，学んでいく過程のなかで生まれてくるものなのかもしれません。

　こうして「知る」ことを通して問題意識を深めていくと，安易な交流や連帯にも違和感を持つようになりました。特にぼくが違和感を抱いた交流は，日本の対韓政策に反対する韓国人とのフリーハグやツイッター上でお互いの市民がハッシュタグによって好意を伝え合うようなものでした（162〜164頁参照）。なぜなら，そうした交流は「知る」ことはせずに日韓の市民どうしが仲よくなることに満足して，歴史を忘却し，被害者をおき去りにしているように思えたからです。それは，ぼくが「知る」ことをせずに韓国文化が好きでいたために，日本の加害の歴史や被害者に対する認識が欠落していたことと同じでした。文化や交流，連帯そのものに罪があるわけではないと思います。ぼく自身も韓国文化は大好きですし，ツアーで出会った在日朝鮮人との出会い・交流が大きな転機となりました。ですが，被害者をおき去

143

figure 41　授業で日本軍「慰安婦」問題について発表する

撮影：加藤圭木

りにした日韓友好が真の日韓友好と言えるのかはぼくには疑問でした。あらためて，韓国を好きでいることと加害の歴史に向き合うことは別物だと痛感することになりました。こう考えると，「知る」こととは，歴史の風化に抵抗するという「連累」から生まれる責任を果たす行動のひとつなのかもしれません。

　そんなふうに「知る」ことをはじめたぼくでしたが，その根底にはやはりどこか自分の無知に対する罪悪感のようなものがありました。でも，ツアー帰国後しばらくして，またもやある在日朝鮮人の言葉にハッとさせられました。それは「日本の歴史や差別に対して『日本人として申し訳ない』と謝られるよりも，一緒に差別に反対してほしい」というものでした。もちろん，無知で相手を傷つけてしまうこともあるので，無知に問題がないとは言い切れないと思います。しかし，無知だったことや日本の加害の歴史を反省して終わりでは，被害者の尊厳を守ったり差別をなくしたりすることにはつながらないという，当たり前のことに気がつきました。当事者のことを考えているようで，当事者が直面する「差別の現実」が自分のなかで不可視化されていたんだと思います。いつの間にか，日本人としての自分を守ることを優

先する考えが自分自身のなかに潜んでいました。こうした気づきは「連累」から導き出される「差別と排除の構造」を壊すことの意味を考えるヒントになりました。

　たとえば，日本軍「慰安婦」制度は，資本主義に基づく日本の侵略・植民地支配が生み出した民族差別・ジェンダー差別・階級差別が絡み合ったものでした（28〜29頁参照）。つまり，「差別と排除の構造」を壊すとは資本主義社会のもとに現在も続く民族（人種）差別・ジェンダー差別・階級差別といった差別に対し，社会の一員として，そしてひとりの人間として，反対していくことなのではないかと思うようになりました。もちろん，これまた強迫観念に駆られてやみくもに声をあげればいいというわけではなく，さまざまな差別的な制度や構造，権力関係を見すえたものでなくてはいけないと思います。そして，ときにはひとりでゆっくり問題を考えたり，亡くなってしまった人や被害者たちに思いを馳せたりすることも忘れてはならないと思います。

145

　一方で，この問題に対してひとりで向き合っていくことに難しさを感じるようにもなりました（行ったり来たりですね……笑）。あまりにも大きな問題に感じられ，差別に対して声をあげるのにも勇気がいったからです。でも，こうして「知る」ことを続けていくうちに，いつの間にかまわりには一緒に朝鮮半島と日本の歴史を学ぶ熱心なゼミの人たちや，ゼミの外にも日本の加害の歴史に向き合い，反差別の実践をしている人たちが増えてきました。決して同志が多いとは言えないのですが，今はその人たちと継続的にこうした問題について考えたり，差別に反対したりする方法を模索しています。ひとりでは「知る」ことや声をあげることに心が押しつぶされそうになることもあるので，一緒に問題意識を共有しあえる仲間はとても大事な存在です。

歴史と文化，続くモヤモヤ

　ところで，先にツアーの最後にはK-POPも朝鮮語も楽しくなくな

ってしまったと書きました。たしかに，ツアー帰国後の一時期，混乱のあまり韓国文化を楽しむことができなかったのですが，「知る」ことや差別を止める行動をしているうちに，同時に韓国文化を楽しむこともできることがわかりました。もちろん，以前のように無邪気に文化を消費するわけではないので，「楽しむ」の質は異なると思いますが，今もよくK-POPを聴いたり，動画を見たりしています。歴史はペン活（ファン活動）の「邪魔者」などではありませんでした。

　最近日本ではK-POPなどの韓国文化が好きな人が増えており，そうした人は韓国によい印象を持っていると言われます。たしかに韓国への印象がよくなった人もいると思うのですが，実際は日本を批判しているデモの様子や，自分の好きな韓国のアイドルや俳優の言動を見聞きしたりして「やっぱり韓国って反日なんだ」と思い，文化だけを楽しんでいる人も多いでしょう。なかには，自分の好きな韓国のアイドルが歴史問題について言及しているのを聞いて，もうファンをやめたいと思ってしまったり，韓国文化が楽しめなくなったりしている人もいるかもしれません。なので，はたから見ると意外かもしれませんが，韓国文化が好きだからといって歴史を学びはじめる人はそんなに多くはありません。むしろ，なにか歴史が絡む問題が起きると韓国ファンの間で「反日だ」「日本人差別だ」と炎上することもあったりします。

　もちろん，韓国ファンのなかでも「歴史を知ろう」と思っている人も実は多いような気もするのですが，歴史問題や政治問題を語ることが日本ではタブー化していて，そうした話題は避けられているようです。「文化に政治を持ち込むな」という意見に萎縮してしまう人もいるのだと思います。でも，そもそも政治，歴史などわたしたちの人権に関わる発言を封じ込めることはとても政治的な行為だと思いますし，歴史問題は政治問題以前に人権問題だという意識が大事なんだと思います。なぜなら，朝鮮半島と日本の近現代史には，多くの人の尊厳が奪われ，人生がゆがめられた人権侵害の歴史があったからです。

　そう言うとえらそうなのですが，歴史を学ぶことや差別に反対することに対してどこか臆劫に感じてしまう自分もいます。自分個人の問題なのかなと考えるときもあるのですが，同時に（むしろ？）歴史を学んだり，差別に反対したりすることが今の日本社会では「当たり前」じゃないからそう思ってしまうのかな，という気もします。すべての人の人権が尊重されることや差別はあってはならないということが「当たり前」であってほしいし，そうあるべきだと思います。そして，そうした考えを共有する人たちと一緒に，少しずつ今の社会を変えていければなと思います。

　ここまで長々と自分の体験を書いてきたわけですが，最後になってこの文章の締め方に悩みます。自分でも本当に大事なことはなんなのか，今この瞬間も考えさせられ，モヤモヤしているからです。自分が「差別と排除の構造」のなかにいて，特権を持っているがゆえに見えていないところ，行き届いていないところ，そんなところがありそうで，正直少し怖い気もします。あのツアーで出会ったＡさんがぼくの文章を読んでくれているかはわかりませんが，「当事者はどう思うんだろう」と考えてしまう自分がいます。でも自分が怖がっていたら，新たに学ぼうとする人のプレッシャーにもなるかもしれない。今振り返ると，経験がきれいごとのようになってしまって，はたして伝えたい人に伝わるのだろうかとも思ってしまいます。ますますモヤモヤの連続です。でも，こうしたモヤモヤがきっと大事なんだろうと思います。歴史を学ぶってそういうことなのかもしれません。

韓国人留学生が聞いた
日本生まれの祖父の話

李相眞

　祖父母はわたしに惜しまない愛情を注いでくれました。よく覚えてはいませんが，両親が共働きだったため，幼い頃にわたしは祖父母の家で育てられました。そのときから祖父はいつも「愛している」「お前のことが誇らしい」と愛情を表現してくれましたが，わたしは愛嬌がなく祖父に積極的に話しかけたりもしない孫でした。両親が「おじいさんに話しかけてみて。お前が話しかけるの待ってるぞ」と言うほどでした。そんな孫であるわたしに，祖父はいつも「愛している」と言ってくれました。

　祖父が2018年8月にこの世を去ったとき，わたしは軍隊にいて，最期を看とることもできませんでした。2年たった今でも，病室に行ったとき，体を動かすのも話すのも不自由だったにもかかわらず，わたしの手を握ってなにか話そうとした祖父の顔を思い出します。そのときも祖父はわたしに「愛している」と言おうとしたのかもしれません。

　祖父ともっとたくさん話せばよかったと後悔しています。特に今，日本に留学しているわたしが，これだけは一緒に話したかったと思うことがあります。それは祖父の日本での生活についてです。

　本書を発刊することになり，祖父の妹，わたしの父，叔母から，祖父の日本での生活について聞きました。存命中に直接話を聞くことができたら，祖父の考えなども知ることができたでしょう。親族から聞いた断片的な事実ではありますが，以下に祖父の日本での生活を記録したいと思います。

　祖父は，1938年に東京の三河島で生まれました。祖父の両親，つま

り，曾祖父母は，先に日本に定着している家族がいたということで，1937年に日本へ渡りました。曾祖父は21歳，曾祖母は19歳でした。当時，在日朝鮮人の労働運動や社会運動が活発になるにつれ，日本政府は朝鮮人の日本への渡航を管理する目的で，渡航証明書を発給し，証明書がある者の渡航だけを認めていました。ただし，親族が日本にいる場合は証明書の取得が比較的容易だったそうです。

　当時は，日本の植民地政策によって朝鮮で生活するのが苦しくなり，生計を立てるために祖国を離れて日本へ渡る朝鮮人が多くいました（101〜102頁参照）。朝鮮で貧しい生活をしていた曾祖父にとって，日本への渡航は貧困から脱出するための道だったのでしょう。朝鮮で小学校（当時，普通学校という名前でした）しか卒業できなかった曾祖父は，日本で中学校と商業高等学校を卒業し，大学夜間部に進学しました。曾祖父は昼間には肉体労働をして，夜には学校に通う毎日を送りました。

　また，曾祖母も工場で働きましたが，そうしないと家計がまわらなかったのだと思われます。わたしよりも若い年であった曾祖父母の生活を思い出すと，複雑な気分になります。朝鮮人である曾祖父には，勉強して成功する道しかありませんでした。父が，曾祖父の大学同窓会の写真を見たことがあるというので，卒業もしたようです。

　祖父の妹の話によると，曾祖父は日本の航空会社に就職して課長級の地位まで昇進しましたが，朝鮮人を差別する上司に怒りを感じて辞職したそうです。故郷を離れて不慣れな環境で働きながら学び就職までしたのに，そこにも民族差別という壁がある。朝鮮人には，どうしても乗り越えられない壁があったのです。

　会社をやめたあと，曾祖父は池袋で2階建ての建物を買い入れ，「鶏林商店」という商店を開業しました。曾祖父の故郷が朝鮮の慶尚北道であったことから，慶尚道地域を領土としていた古代国家である新羅の異名である「鶏林」と名づけたのではないかと思われます。朝鮮人が東京で土地を買い入れることは，当時としてはとてもまれな例

でした。わたしの祖父はここで生まれました。商売は繁盛しました。この時期に朝鮮人強制連行・強制労働がはじまったことを考えると，祖父の家庭は在日朝鮮人のなかでも裕福だったと言えるでしょう。

　1930年代の在日朝鮮人は集住地区を形成することが一般的でしたが，祖父の妹によるとまわりに朝鮮人はいなかったようです。そのせいか，同年代の日本人は朝鮮人である祖父をいじめました。ニンニクのにおいがするとか，祖父に「朝鮮人」だと言いながら石を投げたりしました。家庭で朝鮮語と千字文（漢字学習用の教材のこと）を習ったことが「自分は朝鮮人」だという意識を抱かせたのか，祖父は自分をいじめる日本人に立ち向かいました。

　祖父は，1945年3月に池袋にある国民学校に入学しましたが，戦争中だったため，あまり学校に通うことはできませんでした。米軍による空襲が激しくなり，池袋を離れざるをえませんでした。祖父の妹によれば，空襲で池袋にある商店が直撃されたため，少しでも遅かったら家族全員が死んでいたかもしれなかったとのことです。

　1945年8月15日，朝鮮が日本の植民地支配から解放されると，祖父の家族は大型連絡船に乗って朝鮮に向かいました。しかし，曾祖父は連絡船に乗ることができず，小型船に乗ってのちに合流したようです。連絡船には人と荷物がぎっしりで，通路がなく荷物を海に投げ捨てたりしました。祖父は船内の人波にもまれ，腕が折れてしまい，簡易ギプスをしました。生まれてはじめて朝鮮へ向かった祖父は，人がごったがえす船内でどんなことを考えていたのでしょうか。

　朝鮮に帰った祖父は，曾祖父の故郷である慶尚北道で生活しました。祖父にとって日本での生活は短い期間でしたが，人生のなかでも忘れられない記憶を残しました。祖父は年老いてからも，日本の童歌を歌い，自分の日本名も覚えていました。また，わたしが日本留学に行くときには，「日本でたくさん学んで来い」とも言ってくれました。

　一方で，朝鮮人だという理由で差別されたことに，悔しさをにじませることもありました。祖父は日本での生活について，複雑な感情を

持っていたのではないかと思います。祖父にとって日本は単なる出生地ではなく，朝鮮人として差別のなかで生き抜いた場でした。

　わたしの家族は，父親の仕事の関係で，1年間日本に住んだことがありますが，そのときわたしの弟が生まれました。60年余りあとに，自分と同じく日本で生まれた孫を見て，祖父はどんな感情を抱いたのでしょう。自分の幼年期を思い出したのではないでしょうか。

　もう祖父から当時の話を直接聞くことはできません。しかし，わたしが祖父の孫であることは時間がたっても変わりません。わたしは祖父の歴史を引き続き記憶していきたいと思います。それがわたしの歴史でもあるからです。

　みなさんのなかには，歴史はただの過去の話なので記憶しなくても問題ないと考える人がいるかもしれません。ところが，歴史は自分の家族の話であり，さらに自分の話でもあります。そして，われわれが生きている社会は，このようなストーリーを持つ個々人によって形成されています。歴史を記憶することは，ただ政治的・外交的な問題ではありません。家族の話を，そして自分の話を記憶することです。それは「自分とは何者か」を教えてくれるでしょう。

figure 42　祖父が書いたノートの一部

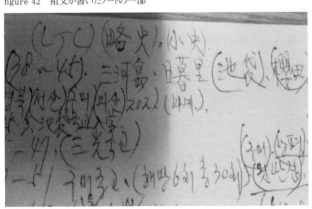

撮影：李相眞

韓国人の友達ができたけれど……

牛木未来

　みなさんは「日韓交流」と聞いてなにを思い浮かべるでしょうか。わたしが朝鮮半島と日本の歴史問題に興味を持ったきっかけは，実は「日韓交流」でした。

韓国，そして歴史問題との出会い

　そもそもわたしにとって韓国は，K-POPにハマっている友達から話を聞くぐらいの存在でした。転機は大学1年生の冬。外国人と英語で交流できる団体を探していたところ，韓国の大学生と交流する学生団体を偶然見つけました。その団体は，韓国の姉妹団体と隔年で両国を訪問しあい，文化交流やさまざまな社会問題について討論する活動をしていました。韓国の歴史はおろか文化についても自分で触れようとしたことはめったにありませんでしたが，夏休みに安く海外に行けて英語も使えることに惹かれて団体に参加することにしました。

　わたしが団体に入った年は，日本側の学生が韓国を訪問する年でした。団体に入ってから，韓国を訪問する事前準備のために日韓関係に関する本を読んだりしました。日韓関係がうまくいっていないことや，日本が過去に朝鮮に対して悪いことをしたことはなんとなく知っていました。しかし，わたし自身は「日本人として歴史問題に関する知識は相手と渡り合えるぐらい持っておいたほうがいいだろうな」と，通過儀礼くらいに思っていました。そのため，関連書を読み進めるうちに歴史問題の複雑さに辟易とし，韓国文化にもあまり興味がなかったわたしは，韓国に行くことさえおっくうになったりもしました。

韓国には2018年の夏にはじめて行きました。実際に韓国の大学生と会ってからは，驚きの連続でした。日本を批判されることへの抵抗感はもともとあまり感じなかったので，歴史問題の本を読んで韓国に対する印象が悪くなるようなことはありませんでした。それでも，朝鮮語もほぼわからなかったわたしにも親切に，妹のように仲よくしてくれる韓国の友人たちの姿に心を打たれました。「日韓が国家どうしで争っているのが嘘のようだ。なぜ国家なんていう面倒なものがあるのだろう。同じ人間として見れば，こんなに仲よくなれるのに」。

　しかしある日，その感覚に違和感を持つ場面が訪れました。わたしたちの団体が「マリーモンド」（日本軍「慰安婦」の経験を後世に伝え，人権啓発活動をおこなっている企業。詳しくは38〜39頁参照）を訪れた日のことです。わたしは体調を崩して直接訪問できなかったのですが，宿に帰ってきた友人たちの空気がそれまでとは一変し，重くなっていました。聞いたところによると，日本人学生らが，「マリーモンド」の講演担当者と韓国人学生に「慰安婦」問題について追及されたようでした。そして動揺した日本人学生と，韓国人学生との間で小さなトラブルがあったとのことでした。

　そのとき当事者となった韓国人学生は，わたしと仲のよかった団員のひとりでした。わたしは，なにがあったのかを知りたくなりました。事前学習で使った本を日本人学生と一緒に読み直して，翌日かれと「慰安婦」問題について話すことにしました。前日のこともあり相手もかなり気を遣っていたようですが，率直に疑問をぶつけてくれました。圧倒的に知識量も少なかったわたしは，問い詰められているようにも感じました。途中から混乱してしまい，そのときの質問を具体的に思い出すことはできません。しかし，根幹には「なぜ日本人は過ちを認めないのか。反省しないのか」という問いがあったと思います。わたしが必死になって読んでいた本には，その答えはありませんでした。わたしはその友人の問いに対し，ただ「日本政府の立場」を伝えるだけで，自分がどう思うかもはっきりと答えられないままでした。

「日本はこれだけ譲歩してきたのだし、韓国だって歩み寄ってもいいよね」という声は、日本の若者の間でも頻繁に聞かれます。それを思い返し、友人の話を聞きながら「ではなぜ韓国は歩み寄らないのか？　それにはなにかもっと根本的な理由があるのではないか？」という疑問が、モヤモヤと頭のなかをまわり続けました。そして、答えの見えないまま質問を重ねたわたしに、友人は「ぼくたち、もうその話はできないよ」と言いました。団体の活動がはじまったときから、何度も同じことを説明し続けていた友人。今思えば、いくら訴えても理解されないという虚しさや怒りの言葉だったのでしょう。

　友人の求めていた答えが、わたしの読んでいた本になかったのはなぜか。その本が歴史問題について、「互いの国家がどのような立場をとり、どのような経緯で認識の差が開いていったのか」について解説した本だからでした。わたしは「日本人として、日本政府や日本人の大多数の考え方を代弁し伝え、韓国側との認識の差がわかれば日韓関係はよくなる」と思っていました。ですが、本当にそうでしょうか。被害者の人権は、回復されるのでしょうか。

　わたしは、日本人が被害者の訴えを握りつぶしてきたことに十分に向き合わないまま、日本と韓国が「相互に歩み寄る」点ばかりを探していました。それにもかかわらず、わたしは自分自身のなかに「愛国心」もなければ、差別意識もないと思っていました。しかし、実際は心のどこかで「わたしは日本人だから日本で言われていることを貫かなくてはいけない」「偏りがちな問題だから"中立"でいなくてはいけない」といった義務感に縛られていたのです。だからこそ、友人の言葉を聞いたとき「この人も韓国人なんだ。どんなに仲よくなったと思っても、歴史問題のような壁がある限り日本人と韓国人は心から信頼しあえることはないんだ」と愕然とし、自分を否定されたような、相手を不必要に怖がるような感情が生まれたのでしょう。そして、そのときのわたしは、自分でその「壁」を越えようとしていませんでした。

　そんなわたしが戸惑いながらも同時に感じたのは、なにか申し訳な

いことをした，傷つけてしまったという漠然とした罪悪感だけで，だからといってどうすればよいかわかりませんでした。その状態で，わたしにできることはただ「もっと知ること」だけでした。なにか，目をそらしては生きていけないものに出会ってしまったような気がしました。

「互いを」理解しあうこと，の前に大切なこと

こうした経験からわたしは朝鮮史ゼミに入り，その学生団体にも引き続き関わることにしました。前年の経験から，わたしは団体のスローガンに「互いを」理解しようとする姿勢を大切にすることを加えたほうがいいと考えました。今，振り返っても戸惑いの多い1年だったと思います。さまざまな立場から交流に携わる日本人・韓国人に出会い，日本社会のなかで韓国への否定的な感情が蔓延していくなかでなにかをしなければ，という切羽詰まった思いには共感もしました。

一方で，どこかモヤモヤとしたままのこともありました。その頃ゼミで勉強しながら，日本人は責任をとるという当たり前のこともしていないことが，よくわかってきました。歴史問題で問われているのは日本の認識のはずなのに，それを突き詰めることをせずに「日本のいいところを知ってもらえば，"偏見"がなくなっていつか解決する」という空気。すべての人ではありませんが，そう思っているだろう雰囲気はよく感じることがありました。「中国やアメリカとの交流なら将来にも役立ちそうだけど，韓国との交流はちょっとなあ……」と言う人に対して，歴史問題は役立つとかじゃなくて向き合わなければならない「自分の」問題だという思いをうまく説明できないことも多々ありました。

そして，韓国人の友人のなかには，日本人であるわたしに「今の日本人はなにもしていないんだし，好きだよ」「もし自分が日本人だったら，日本人の考えは理解できるなあ」と言ってくれる人もいました。そのような言葉にどうしていいかわかりませんでした。本来なら日本

155

は批判されて当然なのに、そこは見ないことにして「日本に対する"偏見"をなくそう」と言い、韓国人に気を遣わせて成り立つ「よい」日韓関係ってなんなんだろう。韓国人の日本への否定的な感情は、"偏見"ではなく批判なのだから、どんな理由であれ見ないようにしてはいけないのではないか。そんなモヤモヤを抱えたままお互いの本音に触れようとしない「交流」に対する違和感。一方で、日本で盛り上がる韓国ヘイトをどうにかしたい、そのためには表面的でも「交流」を進めなければという焦燥感。その狭間で、大きく揺れていました。

2019年8月、日本は韓国を「ホワイト国（日本が「安全保障上の信頼関係があり、輸出管理の優遇対象である」と指定した国）」から除外しました。わたしはちょうど団体の活動本番を目前にして、ソウルでの会議を終え、空港に降り立ってそのニュースを見ました。政府に怒りを感じました。まもなく某テレビ局から、わたしの活動する団体を「政治的に問題があっても民間交流は活発である」という題材として取材したいという連絡がありました。ニュースに動揺していたわたしは、勢い半分で韓国側団員にそのことを伝えました。

韓国側団員の反応は、当然「複雑な思いをもって日本に行く決断をした者もいるのだから、気持ちはわかるが断ってほしい」というものでした。たしかに前年の団員のなかには、おじいさんが日本軍に強制労働動員された元徴用工だった学生がいました。そのおじいさんがどんな気持ちで日本に行く孫を見送ったか、その子がおじいさんから話を聞いたうえで、それでも今の日本人にどのような望みをかけて話し合いをしようとしているのか。わたしは自分自身の怒りにまかせ、韓国の学生たちの状況をきちんと想像できていませんでした。

歴史問題の根幹は、日本が国家責任をあくまで回避し、過ちを繰り返さないための取り組みが十分ではないことにあります。それなのに態度を変えないまま政府間の合意により、問題に蓋をし続けようとしたことも何度もあります。その状態で、単に交流を進めて歴史が風化していけば、それは関係が「よい」ということになるのでしょうか？

いったいなんのために，なにについて「対話」をするのでしょうか？
被害者はどう思うでしょうか？　「互いの」理解と言うけど，過ちを
認めない日本のなにを理解してもらうのでしょうか？　相手に「日本
人は変わらない」という現実を見せ，譲歩を迫るためでしょうか？
譲歩を迫られた人びとは悩まされ，分断され，傷つけられてしまうの
ではないでしょうか？

　自分の認識を変えず「仲よくすること」が自己目的化したなかで，
被害者の訴えを無視しようとしていたわたしは，無自覚に加害の側に
立つ人間でした。わたしは「日韓友好」を演出するために，歴史問題
を利用しなかっただろうか。団体の活動は無事に終了しましたが，日
がたつごとに，そんな苦い思いと自分への疑いが増していきました。

人の立場を想像するということ

　わたしも最初こそ韓国文化に全然興味がなかったけれど今では好き
ですし，歴史問題に興味を持ったのも交流を通じてでした。相手を理
解するうえで文化を理解すること，直接会って話すこと，それ自体の
価値を否定したいわけではありません。わたし自身にとっても，交流
のなかでの韓国の友人たちとの出会いはかけがえのないものです。一
方，友達がいることと歴史問題への理解は別物であり，日本による加
害の歴史は交流によって消えるものでもありません。その歴史が個人
や家族の体験である以上「個々の人間関係を歴史と切り離す」，もっ
と一般的に言い換えれば「歴史と文化を分けて考える」ことは不可能
です。可能だと考えてしまうのなら，それは被害の側の複雑な思いを
想像できていないということでしょう。

　他者の立場に立って考えることは，とても勇気のいることなのかも
しれません。たとえば，「いじめ」や「はずし」が普通にあるクラスで，
他人のおかれた状況に共感していたら，自分が蹴落とされてしまうか
もしれない。わたし自身は，そうした考えや経験から他者について考
えることを長い間意識的に避けてきました。みなさんにも多かれ少な

157

かれそのような経験はないでしょうか。

　それに気づいたあと、あらためて朝鮮史を学び直しました。小さな疑問をひとつひとつ追っていく形で勉強を続け、いろいろな本や映画、フィールドワークなどを通して少しずつ理解が深まりました。同じ社会に生きていながら知ろうとしなかった在日朝鮮人のこと。日本軍「慰安婦」制度の被害者の生涯にわたる苦しみ。そうした歴史を通して、日本の加害を、理屈ではわかっているつもりで、実はいまいち実感として呑み込めていなかった。わたしが「過去のこと」だと思っていた歴史問題は、実は終わったわけではなかった——そんなことを感じました。わたし自身、まだまだ植民地支配を受けた朝鮮の人びとを理解するにはほど遠いところにいると思います。けれど、かれらについて考えること、そして絶対的な価値として守るべき「人権」について理解する努力をおこたってはならないことがわかってきました。

　しかし、学び直したといっても、わたしも勉強をはじめたばかりで、まだまだわからないことばかりです。本書も四苦八苦しながらまとめました。みなさんが本書をここまで読んでくださり、本当にうれしく思います。歴史は難しく複雑ですし、向き合うのも簡単ではありません。一度読んだだけでは理解できないことも多いかもしれません。それでもだいじょうぶです。一番大切なのは、知識の有無や、朝鮮史専攻の人くらい知識を持っているかどうかではなく、いかに歴史問題を「自分ごと」として日常のなかで意識できるか、そして被害者と連帯できるか、だと思います。

　そして被害者のことを理解していく営みは終わりのないものです。その点では、歴史問題の「壁」は簡単に越えられるものではないでしょう。わたしは、加害に向き合わず、マイノリティを徹底的に抑圧するこの日本という国で、なんの疑問も持たず保護されて生きてきました。そして、わたしがこれから先どんな意見を持とうと、日本人であり続け、日本人であるという責任から逃れることはできません。

　こうして書くと、自分自身は直接なにか悪いことをしたわけではな

いのに，ずいぶんと重苦しく聞こえるかもしれません。でも，悪いものを温存させていることと，直接過去に悪事を働いたことは，結局どのくらい違うのでしょうか。直接手を下していなくても，わたしは，だれかを踏み台にする構造の一部分をなしてしまっているのです。そのだれか，とは，在日朝鮮人など日本社会のマイノリティであり，アジアを中心とする国々の日本の加害行為による被害者たちであり，世界中にいる，植民地主義・人種主義・ジェンダー差別や階級差別の被害者たちです。わたしたちの生は，確実にかれらの上にあり続けてきたのです。

　もし今，あなたの足元が揺るがされるように感じたら。避けないでください。少し怖くても，その感覚を大切にしてほしいのです。そして，少しずつでも，向き合ってみてほしいのです。その揺らぎを，自分の殻に閉じこもる口実にするか，これから社会を変えていくエネルギーにするか。決めるのはわたし自身，あなた自身です。そして，自らを省みること，あらためることは，決して悪いことでも，自虐的なことでもありません。モヤモヤは続きます。それでもわたしたちはあきらめません。そして一歩を踏み出すあなたの側にいます。

figure 43　モヤモヤは続く

撮影：ゼミ生

159

どんなふうに
歴史と向き合うのか

．．．．．．．．．．．．．．．．．．．．．．．．．．．．．．．

　ここまで日韓の問題について学んできましたが，今後どんなふうに問題に向き合ったらいいのでしょうか。みんなで話してみました（2020年11月24日におこなわれた座談会の記録の一部を加筆・修正したものです）。

．．．．．．．．．．．．．．．．．．．．．．．．．．．．．．．

若者の交流で，「日韓対立」は解消する?

熊野：「国と国は対立していても，若者や市民が交流したり，文化への理解を通じて相互理解を深めることで，問題を解決できる」とか，「韓国文化が好きな若者は日韓関係の希望だ」ということがよく言われますよね。こうした見方について，どう思いますか?

牛木：自分自身が日韓交流に携わっていて思ったんですが，「日韓関係の問題を解決する」と言うとき，どう「解決」するのかを考えなきゃいけないですね。漠然と「日韓関係」と言うけど，具体的にだれとだれの「関係」なのか。若者どうしが仲よくなること，国家間の関係の改善がゴールだとしたら，その若者や国家に忘れ去られてしまう人びとはどうでもいいのか。「(韓国人が) 相手の国 (日本) に悪い感情を持っていない」ということを，日本の侵略戦争・植民地支配などの責任に向き合わなくてもい

い理由にするのは単なる責任逃れだと思います。問題を見て見ぬふりをしたままでは，究極的にはどんな関係もよくならないんじゃないかと思いますし。

朝倉：わたしも，文化だけ見て交流したとして根本的な問題解決になるのかなって，思っています。加害と被害という事実があり，被害者のことを考えたときに，民間交流をしたとしてその被害者のためになるのかが疑問です。加害者側である日本がきちんと歴史に向き合うことが大切だと思います。

熊野：前提として，日本が朝鮮半島を侵略し植民地化したなかで，重大な人権侵害がおこなわれたことがあるわけですもんね。それを意識すればいくら文化交流とかあっても，被害者の人権が救われることがないことはわかると思うんです。だけど，（文化交流を通じて）「日韓関係をよくしよう」と主張する人たちは，たぶん日本人の韓国人に対する偏見・印象とか，韓国人の日本人に対する偏見・印象とか，そういうレベルの話のことを言っているんだと思います。でも，印象がよくなったところで，人権問題はなにも解決されない。正直，文化を消費するだけで終わってしまって，むしろ文化を「歴史を見ないための道具」にしているという印象もあります。文化自体に罪はないけれど，文化を楽しむ側の日本人の意識はすごく問われていると思います。韓国文化を楽しむことと加害の歴史を直視することはまったく別物なので。

李：アルバイトで日本人に韓国語を教えているときは，あえて歴史問題に触れないようにすることがあるし，相手側も歴史に関係する話をしようとしないこともあるんですね。わたしはそれが，はたして真の交流なのかということを考えています。

沖田：「文化の交流でお互いの印象がよくなるんじゃないか」って話ですけど，韓国ドラマとかを観ていても逆に偏見が強まるようなパターンもあると思います。たとえば韓国ドラマでよくある

女性どうしの激しい言い争いとか，復讐のストーリーを見て，
「韓国の人ってやっぱりそういう人ばかりなんだね」って。文
化交流自体にも危うさというか，新たな問題を生み出す可能性
もあると思います。

「韓国が好き」ならば，それでいいのか？

熊野：Twitterで「#好きです韓国」が盛り上がったのは2019年の夏で
した。徴用工問題で日韓関係が悪いと言われていた時期だった
ので，日本好きな韓国人と韓国好きな日本人がお互いにTwit-
terで，韓国からは「#好きです日本」，日本からは「#好きで
す韓国」っていうハッシュタグをつけて送り合っていたんです。
「国どうしは仲悪いけど市民どうしは好きですよ」「お互い支え
あって日韓友好でいきましょう」みたいな内容です。自然発生
的なものなのか，だれか企画したものなのかわかりませんが，
そのとき自分はすごく複雑な気持ちになったんです。

　韓国側の「#好きです日本」についてはいったん韓国側の問
題としておきます。ただ，日本側の「#好きです韓国」につい
ては，朝鮮を侵略・植民地化して，その後もそうした歴史を忘
却させて，結果的に日韓関係が悪化して，お互いが「好きです」
って言わなくてはいけない状況にさせてきたのは日本側なわけ
です。それを支えてきたのは日本国民なのに，「#好きです韓国」
という言葉が忘れさせてしまっているような気がするんです。

　あと，「#好きです韓国」は，（加害国側の人間であるにもかか
わらず）「自分たちは違いますよ」感があるように思います。日
本側が自分たちの責任を問わずに「韓国のこと大好きですよ」
「日韓関係よくしたいと思ってますよ」と言うことについては，
植民地化した側と植民地にされた側という，非対称性を忘却さ
せてしまっている気がします。たしかに，「みんな日韓友好っ

ていう同じ目標を共有してるのに，ハッシュタグを使う人を批判するのは分断を生むんじゃないか」みたいな批判もありました。でも，日本の植民地支配責任を問わない日韓友好は真の日韓友好とは言えないと思います。

牛木：「自分たちは違いますよ」感，わかります。韓国に興味のある人や韓国との交流をしている日本人のなかには，「自分は韓国への偏見を持ってない」とか「（日韓は「お互い様」で）日本“も”悪かったよね」と思っている人はけっこういるように思います。わたし自身も以前はそう思っていました。だから日韓関係の悪化とかデモ行動，「反日」の言説を見たときに，ある程度韓国に触れていると，そうした言説や行動は一部の人がやっていることにすぎないと考えて，「自分は韓国好きだし，別に（本当は韓国人の大部分は『反日』じゃないのを知ってるんだ」みたいな感覚になってしまうのはよく理解できます。でも「韓国人は『反日』じゃないんだ」とか，「韓国人みんなが日本のことが嫌いなわけではないんだ」と言ってしまうことは，そもそもなぜ「反日」（感情や行動）が起こるのか，日本を批判する人はなぜそうするのかというところ，ひいては日本がそこまで批判され「反日」が起こるほどのことをしてきたという（日本の加害の歴史の）事実には目がいかなくなってしまいますよね。「若者の交流があれば問題は解決するんじゃないの？」って言うときに，日本が加えた人権侵害を直接経験した人たちを切り捨てたいという意図が透けて見える感じがします。

熊野：たしかにそうですよね。そういえば，2019年8月に韓国で「No Abe 集会」があったときに，日本のユーチューバーが，デモに参加している韓国人とフリーハグするという企画をやっていたのも記憶に残っています。意図としてはたぶん「韓国人は安倍さんや日本の政権が嫌いなのであって，日本の人たちのことは別に嫌いじゃないよ」ということを伝えたかったんだと思うん

163

です。でも，フリーハグも，「市民どうしが仲よければいい」という立場に立っているように思います。フリーハグや「＃好きです韓国」は，自分が歴史に向き合わないための免罪符になってしまっているんじゃないでしょうか。

李：韓国人の視点から考えると，「＃好きです韓国」とかフリーハグをしている日本人に好感を抱くのは，その人が歴史について興味を持っているか，もしくは「今から歴史についても向き合います」という宣言だと感じているからじゃないかと思いました。そうした人たちが，歴史に向き合わないのであれば，さらに葛藤が深まるんじゃないかなと危惧します。

現代人の責任

熊野：自分が「日本軍『慰安婦』問題について学んでる」と話すと，「昔のことじゃん」「自分たちはやってないけど，責任あるの？」と言われるんですよね。自分自身も以前は，過去に悪いことがあったのはわかってるし，それは自分もよくないとは思ってたんだけど，植民地支配の時代を生きた昔の人じゃないし，直接加害行為をしたわけではないから，自分の責任についてはずっとモヤモヤしたところがあったんです。

そういうことを考えているときに，テッサ・モーリス＝スズキさんの「連累」という概念とその考え方を聞いたんです（142〜143頁参照）。この考え方によれば，昔の加害の行為に対して，自分を含めた現代人はそれを直接犯したわけではないからそこに対する直接的な責任はないのかもしれない。だけど，過去の悪行が生んだ差別の構造に乗っかったうえで現代人は利益を得て生きているわけだし，過去の過ちを風化させる過程には当事者として関わっている。テッサ・モーリス＝スズキさんは，こうした現代人と過去の関係を「連累」と呼んでいまし

た。そして，自分たち現代人はまずその構造を破壊していく責任，そして，そのためにも人権侵害の歴史を風化させない責任があると論じていたんです。それを話すと，納得してくれる人は割と多いかな。

李：「連累」の話と関係して，わたしは神社（神宮）参拝についてすごく抵抗感を持っているんです。それは（朝鮮人に神社参拝を強制した）歴史に関係あることですけど，たとえば明治天皇と皇后を祀る明治神宮などで頭を下げてなにかを祈るということがおこなわれている。（現在）観光地となっていることもあって，韓国人も含めて外国人が神社を参拝しているけれども，日本側は天皇制とか植民地支配のことを隠しているように思えます。一方で，（領土問題となっている）独島／竹島や（強制労働の現場である）「軍艦島」に対する韓国側の動きには日本側が強く反発するという矛盾が，現代社会にあると思っています。ひとりひとりがそうした矛盾を意識して向き合わなければ，問題は解決されないでしょうし，矛盾を見ないことは，意図的にではないとしても問題の温存に加担することになるでしょう。

165

牛木：そう思います。さらに現代からの視点として，植民地支配の影響は「今は支配をもうしていないから，終わりですよ」と言って終わるものではないことも重要だと思います。ある社会を支配するということは，支配が終わったあともその悪影響をずっとずっと社会のなかに残してしまうことですよね。そういう意味で加害の側は直接影響をこうむるわけではないから歴史を忘れられるけれども，被害の側にとって歴史は終わってなんかいないんだということも，認識しなくてはいけないと思いました。

李：現代人としての責任を自覚するためには，自分の意識のなかの矛盾に向き合う必要がありますね。実は昨年末にゼミで広島に行ってきたんです。広島は原爆資料館など日本がこうむった被

害について語る都市になっているわけですけれど，一方で同じ広島のなかに戦艦大和を展示している博物館（大和ミュージアム）があり，自らの加害を誇らしい歴史として記憶していました。これは，すごく矛盾していると思いました。

熊野：現代人の責任の話に関連しますが，「連累」の話から「自分たちにこういう責任があるんだ」とわかったとして，「じゃあ具体的にどうしたらいいの？」ということが，最初はよくわからなかったんです。でも，自分も含めて日韓の問題をある程度知っていたり，日韓友好を目指していたり，K-POP・韓流ドラマ好きな人も，どうも行動を起こそうという気持ちが先行しがちだと思うんです。だからこそ，たぶん「#好きです韓国」とかフリーハグが出てくるんだと思います。

　でも，行動を起こす前に自分は「全然知らないな」って思ったんです。大事なのは，「知らない」ことに気がついたときや，自分自身の認識を問われたときにどうするか，ということだと思います。「もっと知ろう」「自分で勉強しよう」と思うのか思わないのかは，けっこう大きい分かれ道だという気がします。「わたしたちはそういう歴史の教育を受けてない」と言う人もいると思うんです。たしかに教育とか制度の面で制約はもちろんあるけれど，大事なのは，そうした問題に気がついたときにどうするかってことじゃないでしょうか。反発をする人は「知らないことを言われても」とか，「まずは知ることって言われてもなんかそこに違和感を感じる」とか言うんですけど，まずそういうふうな反発が出てくること自体が問題であるように思います。

　それから，「知る」というのも，自分の意識をしっかりあらためるという意味であって，ただ事実や用語を知るということじゃない。認識をあらためるという行為があって，はじめてその行動ができると思います。具体的な行動については，差別をま

ず自分がしないのはもちろん，差別に対してネットで声をあげたり，署名をしたり，デモに参加してみたり，いろいろできると思います。

「中立」でいたい?

牛木：友達や家族と歴史や政治の話をしようとすると「批判され続けて疲れてしまう」とか，そもそも「そういうことは話しにくい」とか，「いちいち声をあげないといけないのか」と言われることがあります。そういう抵抗感というか負の感情を生んでしまうから「歴史や政治の話をするのはよくない」，「中立でいるのが一番いい」みたいなことがあると思うんです。でもそれって，逆に言えば歴史や政治を意識しなくても生きていける環境にあるし，よい人生を送れるという選択肢，つまり特権があるということですよね。一方で被害者の側には，被害を日常生活というより，人生を通して受け続けている人もいるわけで，かれらはそんななかで歴史や政治に向き合わざるをえない。ずっとずっと加害者側が歴史や政治に向き合わせてしまっているのだと思います。まずはその抵抗感をどう解消するかというよりは，自分が持っている抵抗感を認識して，なんでそう感じるのかを考えてみることがスタートラインかなと思うんです。

熊野：そうですよね。楽しいことだけ向き合っていればいいっていうのも特権ですしね。自分は恥ずかしいことに，1年生のときは社会学部のくせに特権という言葉を知らなくて（笑）。在日朝鮮人の人に「それ特権だよ」って言われたときに「特権ってなに？」みたいなことを聞いて，戸惑われました。「特権っていうのは社会学の用語で〜」っていうふうに解説されたんですけど（笑）。

沖田：今の2人の話を聞いていて思い出したんですけれど，Instagram である人が「あいちトリエンナーレ2019」の「表現の不自由展・その後」で展示された「慰安婦」をモチーフにした「平和の少女像」に関して投稿したんです。椅子がふたつ並べられていて，「平和の少女像」の隣に自分が座って，その写真を撮って投稿することで，（「平和の少女像」や「慰安婦」被害者，あるいは圧力によって中止に追い込まれた「表現の不自由展・その後」を）「支援してますよ」って示すことがあったんです。その人はお店をやっていて，お店のアカウントを使ってそういう発信をしてました。すごく勇気のあることだなと思うんですけれども，その投稿を見たわたしの友達が「こういう発信する人って怖いよね」「わたしはこういう政治色の強いお店には行きたくない」って言ったんです。（日本軍「慰安婦」問題を）自分とは関係ない世界のことなんだって，反射的に思うぐらいに，そういう発想が染みついてるんだなーって，すごく衝撃的でした。目に入るとか，自分のなかにそういう考え方を入れることに対する拒否感もあるんだと思いました。

熊野：「自分のなかに，政治の色というか思想みたいなものを入れるのが嫌だ」という感じだと思うんですけど。なんなのでしょうね。

沖田：「学ぶ機会がなかった」というのは言い訳として使われがちなんですけど，それもあるのかなと思います。たとえば，「平和の少女像」に対する反発についても，「平和の少女像」の写真がInstagram に投稿された文脈を知っていて，「慰安婦」の人が実際にどんな目にあって，それが今でもどういうふうにその人の人生に影響を与えているのかを，少しでも耳にしたことがあれば，反応は少しは違ったんじゃないでしょうか。単純に「すごく政治的に偏っている」「怖い」という認識じゃなくて，「この人は表現の自由が押しつぶされてしまうことに対して抗議してるんだ」とか，ほかの理解の仕方があったんじゃないかなと思

いました。

熊野：「中立」でいたいって感じなんですかね。そもそもなにが「中立」なのかという問題もあるし，その「中立」を決めるのってだれなのかなとも思います。それに「中立」でいようとするのも，実はすごく政治的な選択だと思うんです。被害者と加害者がいる問題で，自分は「中立」だというポジションをとるだけだったら，加害者の暴力がやむことはないでしょうから，結局，加害者擁護にしかならないですよね。自分が「中立」だと思っているポジションが実はすごく加害者寄りかもしれないということもあると思いますし。そう思うと，「中立」だと表明することはむしろ加害の行為なんじゃないかと思います。

牛木：人を人として見られない，相手（被害者や被害国の人びと）も同じ人間だと意識できないという問題があると思います。「中立」でいたいと思うときに，その対象が，人間の存在とは切り離された「イデオロギー論争」ととらえられがちな気がします。「慰安婦」問題も人の人生の話じゃなくて「イデオロギー論争」って。被害者が受けた被害を無視して，自分たちと関係ないことにしようとする力学は，その相手のことを，痛みを感じる人間としてとらえていないからだと思います。大切なのは歴史の知識の有無にかかわらず，被害者への人権侵害を，自分が向き合わなければいけないこととして受けとめられるようになるかじゃないですかね。そこから出発すれば，自分が「中立」かどうかなんて無意味な思考だって思えるのになあ。

李：なぜ「中立」でいようとするのかというと，自分の「存在意義」とすごく関係しているからじゃないですか。たとえば，最近は韓国でも日本でも，少しずつフェミニズムが盛り上がっているんですけど，それを問題視して「中立」でいようとしている人たちのなかには男性が多いです。自分の「存在意義」と密接に関わっているから，それをあえて無視して「そういう話をする

169

のは意味ないよ」というふうにしているんじゃないかと思いました。政治や歴史の話を「怖い」と言うのも，実は自分のアイデンティティと密接に関わっていて，そこに関わったら混乱してしまうから，あえて避けているんじゃないでしょうか。

日本という国に忠誠を尽くさなきゃいけない?

熊野：日本という国家について批判すると，すぐ「反日」って言われますよね。韓国人だけではなく，日本政府に反対する日本人のことを「反日」って言ったりもしますね。批判を許さない空気をすごく感じます。

牛木：そうですね。「反日」という言葉の裏に「非国民」みたいなニュアンスがありますよね。和を乱す者を排除したい，マジョリティがうまくやれればそれでいいのに，なんで和を乱すんだっていうメンタリティを感じます。一方，「親日」という言葉もけっこうニュース記事で言われますが，直接日本の帝国主義と関わりない文脈なんだけれども，そのタイトルに「親日のなになにが」「反日のなになにが」みたいなのをつけているのも多いと感じます。自己本位の基準で「反日」か「親日」かに2分して相手を評価しているし，「反日」だとそれは「相手の頭がおかしい」，「相手が野蛮なんだ」って見ている。「反日」が起こっているのは，じゃあなぜなのかということには，まったく意識がいかないままですよね。「親日」「反日」という言葉をすごく安易に使う人が多いなと感じます。

朝倉：韓国の人が日本に来て歴史問題を学んでいると，「日本が嫌なら韓国に帰ればいいじゃん」みたいなことを言う人がいると聞きます。日本の植民地支配の歴史を学んでいるからといって，日本のことが嫌いだ，「反日」だと単純につなげて考えるのはおかしいと思います。日本本位で考えているから，「反日」「親日」

という基準で考えてしまうんじゃないかなと思います。

熊野：本当にそうですよね。2019年の3・1独立運動100周年のときにも，韓国でデモがおこなわれるからと，自民党外交部会が韓国の海外安全情報をレベル2に上げるべきだと主張したんですよね。実際に外務省は「デモに気をつけろ」みたいなメッセージも出してましたし。日本政府も，韓国は「反日」だという考えを持っているんだなと感じます。あと，多くの日本人も「反日」と言うことにためらいがないというか，すごく軽いですよね。「親日」・「反日」が軽く言えてしまうことの問題性があるし，政治的な発言を避ける日本人がそこにはなぜか政治性を感じていない。それがなぜなのかも考えなきゃと思います。

　さっき朝倉さんも，韓国人に対して「韓国に帰れ」みたいなことを言う人がいると指摘していましたけれど，それは在日朝鮮人に対してもあると思います。日本に住む人や，日本に関わる人は，「日本という国家に忠誠を誓わなきゃいけないんだ」という感覚が無意識かもしれないけれどある。それはあんまり政治的じゃないと思われていて，当たり前になっている。日本人は違う思想を持っている人を排除するし，特に韓国とか在日朝鮮人に対しては，かれらの考え方をコントロールしようとする宗主国メンタル，つまり植民地主義があるように思います。

牛木：それに加えて，「意見の多様性があって当たり前だ」とか言いながら，日本政府と違う意見を言ってくる韓国に対して，自分の思い通りにしたい，思い通りにならないと落ち着かないみたいなメンタリティもありそうです。でも，日本人はアメリカやヨーロッパの国に対してまったく同じような態度をとっているとは思えないです。アメリカに批判されたら頑張って日本を変えようとしているところがあるのに，韓国がそれを言ってもまじめに受けとらないという，徹底的に蔑視している感じはあるんじゃないですかね。

熊野：それこそ「韓国旅行したら危険じゃない？」「朝鮮民主主義人民共和国が攻撃してくるんじゃないか」「中国が侵略してくるんじゃないか」「経済的には侵略してきている」とか言っている人がいるけど，自分たちの側がほかのアジア諸国を攻撃したり，経済的に侵略してきたことを全部忘れていると思います。そういうことを全部忘却したうえでの「反日」発言なのかな。

社会を変えるのは自分たち

熊野：この前，別の授業で，「なんで日本の政治や政府は変わんないんでしょうね」って話があったときに，牛木さんが即座に「それは日本人が変わんないから」って突っ込みをしていて，まさにそうだなと思ったんですよね。こういうひどい日本の状態に対して，「自分たちはそうじゃない」「自分たちはヘイトをしないから」「日韓関係を悪くしてないから」「朝鮮のこと考えているから」とか，そういうふうに考えて，自分たちは日本の今の政治なりこういう差別の状況を支えているという感覚がないのが，すごく問題だと思います。変えたかったら自分が変わんなきゃいけないなって思います。

牛木：本当にそうですね。これからも勉強を続けつつ，身近なところから，行動を起こせるようになれたらと思います。

◎主要参考文献一覧

*本書全体

岡本有佳・加藤圭木編『だれが日韓「対立」をつくったのか──徴用工,「慰安婦」,そしてメディア』大月書店, 2019年。

糟谷憲一『朝鮮半島を日本が領土とした時代』新日本出版社, 2020年。

糟谷憲一・並木真人・林雄介『朝鮮現代史』山川出版社, 2016年。

梶村秀樹, 梶村秀樹著作集刊行委員会・編集委員会編『梶村秀樹著作集第4巻 朝鮮近代の民衆運動』明石書店, 1993年。

日本軍「慰安婦」問題webサイト制作委員会編, 金富子・板垣竜太責任編集『増補版 Q&A朝鮮人「慰安婦」と植民地支配責任──あなたの疑問に答えます』御茶の水書房, 2018年。

ウェブサイト「FIGHT FOR JUSTICE 日本軍「慰安婦」──忘却への抵抗・未来の責任」(http://fightforjustice.info/)。

山口智美ほか『海を渡る「慰安婦」問題──右派の「歴史戦」を問う』岩波書店, 2016年。

李成市・宮嶋博史・糟谷憲一編『世界歴史大系 朝鮮史2 近現代』山川出版社, 2017年。

*「韓国の芸能人はなんで『慰安婦』グッズをつけているの?」

アクティブ・ミュージアム「女たちの戦争と平和資料館」編『証言 未来への記憶 アジア「慰安婦」証言集I 南・北・在日コリア編』上・下, 明石書店, 2006・2010年。

アクティブ・ミュージアム「女たちの戦争と平和資料館」ウェブサイト(https://wam-peace.org, 2020年9月10日取得)。

「戦後と女性への暴力」リサーチ・アクションセンター編, 西野瑠美子・金富子・小野沢あかね責任編集『「慰安婦」バッシングを越えて──「河野談話」と日本の責任』大月書店, 2013年。

徐台教「「日本への攻撃ではない」「ICJは恐れない」──慰安婦訴訟の代表弁護士が語る"日本政府賠償判決"の全て」YAHOO!JAPANニュース, 2021年1月14日(https://news.yahoo.co.jp/byline/seodaegyo/20210114-00217560/, 2021年1月30日取得)。

中野敏男ほか編『「慰安婦」問題と未来への責任──日韓「合意」に抗して』大月書店, 2017年。

VAWW-NETジャパン編『Q&A 女性国際戦犯法廷──「慰安婦」制度をどう裁いたか』明石書店, 2002年。

吉見義明『従軍慰安婦』岩波書店, 1995年。

吉見義明『日本軍「慰安婦」制度とは何か』岩波書店, 2010年。

*「コラム マリーモンドと『少女像』」

竹下郁子「BTSにTWICEも! 韓国アイドルが着用する慰安婦支援ブランドがついに日本上陸」BUSINESS INSIDER, 2018年12月3日

（https://www.businessinsider.jp/post-180580,2021年1月5日取得）。
日本軍「慰安婦」問題webサイト制作委員会編，岡本有佳・金富子責
任編集『増補改訂版〈平和の少女像〉はなぜ座り続けるのか——加害
の記憶に向き合う』世織書房，2016年。

＊「なんで韓国は『軍艦島』の世界遺産登録に反対したの？」
強制動員真相究明ネットワーク『朝鮮人強制動員Q&A』2016年（以下よ
りダウンロード可能，https://ksyc.jp/sinsou-net/20161007rennkouQ&A.
pdf?fbclid=IwAR2Jdjw1yY9nkZ9oYkjyR-9ckOh1-_OrAKoEH0
OFMLUa0qChy1zu2k-8Qmc）。
竹内康人『調査・朝鮮人強制労働①炭鉱編』社会評論社，2013年。
竹内康人「軍艦島・否定できない強制労働の歴史」『世界』第936号，
2020年。
長崎在日朝鮮人の人権を守る会『軍艦島に耳を澄ませば——端島に強
制連行された朝鮮人・中国人の記録（増補改訂版）』社会評論社，2016
年。
朴貞愛「戦時下の日本の地域の"企業慰安所"と朝鮮人"企業慰安婦"
の真相調査——北海道と九州地域を中心に」対日抗争期強制動員被害
調査および国外強制動員犠牲者等支援委員会，2011年（朝鮮語）。
山田昭次・古庄正・樋口雄一『朝鮮人戦時労働動員』岩波書店，2005
年。

＊「どうして韓国の芸能人は8月15日に『反日』投稿するの？」
板垣竜太「植民地支配責任を定立するために」中野敏男ほか編『継続
する植民地主義——ジェンダー／民族／人種／階級』青弓社，2005年。
加藤圭木「日露戦争下における朝鮮東北部の『軍政』」『一橋社会科学』
第8巻，2016年。
杉並歴史を語り合う会・歴史科学協議会編『隣国の肖像——日朝相互
認識の歴史』大月書店，2016年。
趙景達「日露戦争と朝鮮」安田浩・趙景達編『戦争の時代と社会——
日露戦争と現代』青木書店，2005年。
和田春樹『韓国併合110年後の真実——条約による併合という欺瞞』岩
波書店，2019年。

＊「コラム　インスタ映えスポット　景福宮」
君島和彦「壬辰戦争と景福宮」『日韓相互認識』第10号，2020年。
金文子『朝鮮王妃殺害と日本人——誰が仕組んで，誰が実行したのか』
高文研，2009年。
大韓民国文化財庁『景福宮変遷史（上）』2007年（朝鮮語）。

＊「コラム　なぜ竹島は韓国のものだって言うの？」
東北亜歴史財団編『韓日歴史の中での我が領土，独島』図書出版ヘア

ン，2017年（朝鮮語）。

内藤正中・金柄烈『史的検証　竹島・独島』岩波書店，2007年。

＊「なぜ韓国人は『令和投稿』に反応するの?」

金大鎬「1910〜20年代朝鮮総督府の朝鮮神宮建立と運営」ソウル大学院修士論文，2003年（朝鮮語）。

朴慶植・水野直樹・内海愛子・高崎宗司『天皇制と朝鮮』神戸学生青年センター出版部，1989年。

＊「コラム　K-POP アーティストが着た『原爆Tシャツ』」

米山リサ（小沢弘明・小澤祥子・小田島勝浩訳）『広島　記憶のポリティクス』岩波書店，2005年。

＊「韓国のアイドルはなぜ兵役に行かなければならないの?」

大沼久夫編『朝鮮戦争と日本』新幹社，2006年。

徐京植『秤にかけてはならない──日朝問題を考える座標軸』影書房，2003年。

韓洪九「韓洪九の歴史の話　燦爛たる"兵営国家"の誕生」ハンギョレ21，2002年2月20日（http://h21.hani.co.kr/arti/COLUMN/44/4532.html，2021年2月16日取得，朝鮮語）。

韓洪九（高崎宗司監訳）『韓洪九の韓国現代史──韓国とはどういう国か』平凡社，2003年。

韓洪九（高崎宗司監訳）『韓洪九の韓国現代史〈2〉──負の歴史から何を学ぶのか』平凡社，2005年。

ブルース・カミングス（鄭敬謨・林哲・加地永都子訳）『朝鮮戦争の起源』第1巻・第2巻，影書房，1989年・1991年。

＊「コラム　韓国映画の魅力」

加藤直樹「民主化運動の歴史を描いた韓国映画を観る」情報・知識&オピニオン imidas，2018年11月23日（https://imidas.jp/jijikaitai/l-73-030-18-11-g694，2021年1月5日取得）。

徐仲錫（文京洙訳）『韓国現代史60年』明石書店，2008年。

徐台教「『光州事件』を越えて──韓国民主化の中で40年生き続けた光州5.18を知る（上）（中）（下）」情報・知識&オピニオン imidas，2020年6月29日〜7月1日（https://imidas.jp/jijikaitai/D-40-141-20-06-G734，2021年2月17日取得）。

＊「日本人だと思っていたのに韓国人だったの?」「コラム　戦後日本は平和国家?」

ウリハッキョをつづる会『朝鮮学校ってどんなとこ?』社会評論社，2001年。

加藤直樹『九月，東京の路上で──1923年関東大震災ジェノサイドの残響』ころから，2014年。

金誠明「在日朝鮮人の民族教育と自決権──朝鮮学校「高校無償化」排除と朝鮮民主主義人民共和国」『歴史評論』第822号, 2018年。

金誠明「解放後の法的地位をめぐる在日朝鮮人運動」一橋大学大学院社会学研究科博士論文, 2021年。

徐京植『分断を生きる──「在日」を越えて』影書房, 1997年。

徐京植『在日朝鮮人ってどんなひと?』平凡社, 2012年。

趙景達編『植民地朝鮮──その現実と解放への道』東京堂出版, 2011年。

鄭栄桓『朝鮮独立への隘路──在日朝鮮人の解放五年史』法政大学出版局, 2013年。

鄭栄桓「在日朝鮮人の『国籍』と朝鮮戦争 (1947-1952年) ──『朝鮮籍』はいかにして生まれたか」『PRIME』第40号, 2017年。

朴三石『知っていますか, 朝鮮学校』岩波書店, 2012年。

法務省『在留外国人統計』, 2020年6月。

梁英聖『レイシズムとは何か』筑摩書房, 2020年。

＊「K-POP 好きを批判されたけど, どう考えたらいいの?」

加藤直樹「百田尚樹氏『日本国紀』の「朝鮮人虐殺」記述の過ち」アジアプレス・ネットワーク, 2019年4月9日 (http://www.asiapress.org/apn/2019/04/japan/77395/, 2021年2月16日取得)。

金富子『継続する植民地主義とジェンダー──「国民」概念・女性の身体・記憶と責任』世織書房, 2011年。

宋連玉『脱帝国のフェミニズムを求めて──朝鮮女性と植民地主義』有志舎, 2009年。

＊「コラム 『82年生まれ, キム・ジヨン』」

イ・ミンギョン (すんみ・小山内園子訳)『私たちにはことばが必要だ──フェミニストは黙らない』タバブックス, 2018年。

小川たまか「韓国のフェミニズムは盛り上がっているのに, なぜ日本は盛り上がってないの?って言われる件」HUFFPOST, 2019年4月4日 (https://www.huffingtonpost.jp/entry/story_jp_5ca32d7ee4b04693a946f0e6, 2021年3月18日取得)。

タバブックス編『韓国フェミニズムと私たち』タバブックス, 2019年。

趙慶喜「韓国における女性嫌悪と情動の政治」『社会情報学』6巻第3号, 2018年。

＊「ただの K-POP ファンが歴史を学びはじめたわけ」

テッサ・モーリス＝スズキ「謝罪は誰に向かって, 何のために行うのか?──「慰安婦」問題と対外発信」前掲山口智美ほか『海を渡る「慰安婦」問題』。

解 説

　2020年，わたしが担当している学部ゼミナール（朝鮮近現代史）では，毎回予定の時間を大幅に超えて3～4時間にわたって議論が続きました。学生たちに聞くと，「これまで生きてきたなかで，日韓の歴史問題について同世代と一緒に話す機会はまったくなかった。このゼミは問題意識が近い人が多いから話せるけど，ほかでは話しにくい」とのことでした。本書でも言及されているように，日本社会では日本の朝鮮侵略・植民地支配についてはタブー視される傾向があるので，ゼミナールは貴重な場だったのです。

　「これっておかしいよね？」「そうそう，わたしもずっとそう思ってた」

　そのような会話が毎週続きました。お互いが心の奥底に抱えていたモヤモヤをはじめて共有できた瞬間でした。

　学生たちの問いは，朝鮮侵略・植民地支配の責任に向き合っていない日本の政治・社会へと向かっていきました。さらに，日本の民主主義が抱える限界性，性差別をはじめとした人権状況の深刻さなどについても議論が深まっていきました。

　朝鮮近現代史や日本の朝鮮侵略・植民地支配について学ぶことは，自らの属する社会，あるいは自らの生き方や認識を問い直す作業につながらざるをえないことを，学生たちの議論の経過が示しているように思います。

　学生たちは学外で開催された朝鮮近現代史に関する学習会などにも，積極的に参加をはじめました。また，わたしのゼミナールに所属し本格的な研究を進めている大学院生の話を聞いたり，大学院生と合同で学習する機会も持ちました。そうした経験も大きな刺激になったよう

でした。

　こうした学びのなかで，学生たちは，政治や社会を変えていくのは
この社会に暮らすひとりひとりであると考えるようになったと言いま
す。そこで，社会への働きかけの方法のひとつとして立ち上がったの
が，本書の企画でした。

　2020年夏からゼミナール全体で本書の企画について議論をはじめ，
コンセプトや構成が徐々に固まっていきました。そして，最終的に5
名の学生が執筆を担当することになりました。残念ながら，就職活動
などの都合で執筆に加われなかったメンバーもいましたが，本書の作
成過程において貴重なアイディアを出してくれました。ゼミナールの
誰ひとり欠けても，本書ができあがることはなかったと思います。「ゼ
ミナール編」としているのはそのためです。

　本書は，日本の朝鮮侵略・植民地支配の歴史についてともに学び，
真摯に考えようとする輪を広げていくためのものです。日本社会では
こうしたテーマについて市民が発信することはあまり多くありません。
だからこそ，学生がつくりあげた本書が，この問題について多くの人
が考えるきっかけとなることを願っています。ぜひ，本書の感想を
SNS に書き込んだり，周囲の人たちと共有していただきたいと思い
ます。

　本書では，学生が自らの体験や悩みを率直につづりながら，歴史を
語っています。歴史学と言うと，専門的な歴史学者によって担われる
ものというイメージを持つ人もいるかもしれません。しかし，歴史を
学ぶことはひとりひとりが暮らしのなかで抱えている問題と密接な関
係があり，そうしたひとりひとりの生活と切り離したところに歴史学

は成り立たないと思います。本書はそうした視点に基づいて構成されています。

　さらに，歴史学の研究成果に基づいて記述することを心がけています。残念ながら日本社会では研究成果を無視して歴史の事実を否定したり歪曲したりする主張があとを絶ちませんが，こうした認識の問題点を知るうえでも本書を活用していただきたいと思います。なお，もっと詳しく学びたいという読者には，岡本有佳・加藤圭木編『だれが日韓「対立」をつくったのか──徴用工，「慰安婦」，そしてメディア』（大月書店，2019年）をおすすめします。

加藤圭木

あとがき

　思い返せば，わたしたちの入門書制作プロジェクトはコロナ禍のなか一度も対面で会わないまま，2020年夏にはじまりました。それぞれ異なる入口から朝鮮近現代史のゼミに入り，朝鮮半島と日本の歴史を学びはじめたわたしたち。ゼミのなかでは，日本人の朝鮮観や若者世代の歴史認識，わたしたち自身の「日韓」にまつわるモヤモヤなどを毎週のように語り合ってきました。そうした議論を通して，最近はK-POPや韓国ドラマなどの韓国文化が若い世代を中心に流行している一方，朝鮮半島と日本の歴史については語られることが少ないという違和感を共有するようになりました。それはつまり，韓国に比較的いい印象を持っていると言われる，そんなわたしたちの世代にも植民地支配の歴史への軽視があるということ，わたしたち自身も加害者になりうるということです。そして，若い世代でも朝鮮半島と日本の歴史が語られない状況のなかで，歴史を学びながらモヤモヤしてきたわたしたちが入門書をつくること自体に意味があるのではないか，そう思うようになったのです。

　原稿は，わたしたちの指導教員であり，本書の監修者である加藤圭木先生のアドバイスや指摘を受けながら，執筆しました。歴史的な知識のパートでは，いかにして初学者でも読みやすいものにするか。わたしたちの体験を記したパートでは，いかに自分自身のモヤモヤを言語化するのか。日々の授業や課題，卒論にもとりくみながら，書いては直して，書いては直して……。それでも，韓国文化好きな人，歴史にあまり興味のない人にも，「日韓」にまつわるモヤモヤを語り合う輪を広げたい。そんな思いで原稿の執筆を進めました。

　このように，わたしたちが本書のキーワードともいえるモヤモヤを

大事にしているのは，自分自身を見つめるきっかけとしてモヤモヤすること自体に意味があると思うからです。なので，本書が「日韓」にまつわるモヤモヤを解消するための本というよりは，読者ひとりひとりがそうしたモヤモヤから目をそらさずに，自分自身の認識を問い直し，考え続けることのきっかけになっていればうれしく思います。本書を読み終わった今，どこかモヤモヤする気持ちを抱えている人もいるかもしれません。でも，それでいいのだと思います。大事なのは，そのモヤモヤに向き合うことです。学べば学ぶほど新たなモヤモヤが出てきます。わたしたち自身のモヤモヤも続きますし，モヤモヤに終わりはないのだろうと思います。

　最後に，本書の制作にあたっては多くの方々のご協力をいただきました。まず，わたしたちと同じゼミに所属していた羽場育歩さん，後輩の山田祐育さん，上垣内萌さん，清岡海月さんには原稿へのフィードバックをいただきました。羽場さんにはわたしたちの似顔絵まで担当していただきました。日本軍「慰安婦」問題webサイト制作委員会，VAWW RAC，そして「希望のたね基金」運営スタッフの阿部あやなさんからは写真を提供していただきました。また，さまざまな方から「日韓」にまつわるモヤモヤした体験談を寄せていただきました。そして，編集者の角田三佳さんには本書の意義を理解していただき，出版まで何度もご意見をいただきました。本書の制作にご協力いただいたすべての方々に執筆者を代表して，感謝申し上げます。

2021年4月
執筆者を代表して　熊野功英

監修者

加藤圭木（かとう けいき）

1983年生まれ。一橋大学大学院社会学研究科教授（朝鮮近現代史・日朝関係史）。主な著作に『植民地期朝鮮の地域変容——日本の大陸進出と咸鏡北道』（吉川弘文館，2017年），『だれが日韓「対立」をつくったのか——徴用工，「慰安婦」，そしてメディア』（共編著，大月書店，2019年）がある。Fight for Justice 日本軍「慰安婦」問題サイト常任委員。

編 者

一橋大学社会学部加藤圭木ゼミナール

朝鮮近現代史・日朝関係史ゼミナール。学部3・4年生が所属している。平和や人権，ジェンダーの観点を大事に，歴史を学び，考え，語り合う。ゼミでは毎週の文献輪読をはじめ，映画鑑賞やフィールドワーク，長期休暇中には韓国や日本各地での合宿などもおこなう。本書は2020年度在籍のゼミ生有志が制作。本書の広報ツイッターアカウントは @info_moyamoya。

装幀・本文デザイン　宮川和夫事務所
イラスト　カトウミナエ

「日韓」のモヤモヤと大学生のわたし

| 2021年7月15日　第1刷発行 | 定価はカバーに |
| 2024年4月20日　第7刷発行 | 表示してあります |

　　　　　監修者　　加 藤 圭 木
　　　　　編 者　　一橋大学社会学部
　　　　　　　　　　加藤圭木ゼミナール
　　　　　発行者　　中 川 　進

〒113-0033　東京都文京区本郷 2-27-16

発行所　株式会社　大 月 書 店　　印刷　太平印刷社
　　　　　　　　　　　　　　　　　　製本　中永製本

電話（代表）03-3813-4651　FAX 03-3813-4656　振替00130-7-16387
http://www.otsukishoten.co.jp/

ISBN978-4-272-21125-8　C0031　Printed in Japan

大月書店刊
価格税別